LÉGISLATION ANGLAISE.

L'ACTE

CONCERNANT

LES MANUFACTURES ET ATELIERS,

DU 27 MAI 1878,

traduit

PAR

M. Jules PÉRIN,

Avocat à la Cour d'appel de Paris, Docteur en droit,

Archiviste-paléographe,

Membre de la Ve Commission locale (pour l'exécution de la loi sur le travail des enfants)

Secrétaire de la *Société de protection*

des apprentis et des enfants employés dans les manufactures,

Officier de l'Instruction publique.

PARIS

LIBRAIRIE GÉNÉRALE DE JURISPRUDENCE.

MARCHAL, BILLARD & Cie, LIBRAIRES DE LA COUR DE CASSATION

Place Dauphine, 27,

AUX BUREAUX DES *ANNALES DES JUSTICES-DE-PAIX* rue Guénégaud, 27.	AUX BUREAUX DU *JOURNAL DES PRUD'HOMMES* rue de Médicis, 13.

Avril 1879.

LÉGISLATION ANGLAISE.

L'ACTE

CONCERNANT

LES MANUFACTURES ET ATELIERS,

DU 27 MAI 1878,

traduit

PAR

M. Jules PÉRIN,

Avocat à la Cour d'appel de Paris, Docteur en droit,

Archiviste-paléographe,

Membre de la Ve Commission locale (pour l'exécution de la loi sur le travail des enfants)

Secrétaire de la *Société de protection*

des apprentis et des enfants employés dans les manufactures,

Officier de l'Instruction publique.

PARIS

LIBRAIRIE GÉNÉRALE DE JURISPRUDENCE.

MARCHAL, BILLARD & Cie, LIBRAIRES DE LA COUR DE CASSATION

Place Dauphine, 27,

AUX BUREAUX DES *ANNALES DES JUSTICES-DE-PAIX* rue Guénégaud, 27.

AUX BUREAUX DU *JOURNAL DES PRUD'HOMMES* rue de Médicis, 13.

Avril 1879.

Le motif qui nous a engagé à donner une traduction du texte même de l'Acte anglais du 27 mai 1878 (1), est celui-ci : nous avons pensé qu'il pouvait paraître intéressant, aux Industriels français, et en particulier à nos collègues de la *Société de protection des apprentis et enfants employés dans les manufactures,* d'en connaître toutes les dispositions.

Cette loi récente constitue, en effet, pour nos voisins, un code spécial du travail dans les établissements industriels.

En elle ont été refondus, unifiés et améliorés les *Acts* précédents et nombreux, qui avaient réglementé la matière (2).

On sait que le législateur anglais a toujours été l'initiateur de la réglementation ayant pour but d'assurer la santé et la sécurité des ouvriers, femmes et enfants. Peut-être faut-il chercher la raison de cette sollicitude dans la situation des coopérateurs de l'industrie anglaise, parvenue à ce degré de développement où commencent les abus ?

---

(1) L'auteur de cette traduction de l'*Act* anglais du 27 mai 1878 l'avait entreprise, à la demande de manufacturiers, membres de la SOCIÉTÉ DE PROTECTION DES APPRENTIS ET DES ENFANTS EMPLOYÉS DANS LES MANUFACTURES (Voir la Lettre, dont il a été donné communication au Comité judiciaire de la Société, dans sa séance du 11 novemb. 1878 : *Bull. Soc. prot.* 1878, p. 586) et terminée en décembre 1878. — Mais il ne fut pas possible de comprendre ce travail dans le premier cahier du *Bulletin* de l'année 1879, ce qui en a retardé la publication.

— Depuis, M. *Laneyrie*, avocat au Conseil d'État et à la Cour de cassation, a analysé les principales dispositions de cette loi anglaise dans le *Bulletin de la Société de Législation comparée* (1879, p. 104-113); et son étude a été reproduite dans le *Bull. Soc. de protection des Apprentis et enfants employés dans les manufactures*, 1879 (p. 83-92). — Le lecteur pourra donc se reporter, également, à ces intéressantes observations sur l'acte du 27 mai 1878.

(2) Voy., notamment, le résumé de l'état de la législation du Royaume-Uni, dans le rapport de M. *de Freycinet*, qui avait été chargé de faire cette étude par le Gouvernement français (dans le recueil de documents relatifs à la *Législation sur le travail des enfants dans les manufactures*, par MM. *Eug. Tallon* et *Gust. Maurice,* 1875, p. 511-527).

Cette situation devait soulever les plaintes légitimes des philanthropes.

Bientôt le service de l'Inspection proposait des mesures propres à modifier cet état de choses, et la vigilance des Inspecteurs amenait des améliorations progressives dans la législation spéciale.

Un *sommaire*, placé en tête de la loi de 1878, permet d'en embrasser toute l'économie.

Elle se divise en 4 parties :

La Ire, intitulée : Loi générale concernant les manufactures et ateliers, comprend une série de mesures dont l'observation est prescrite dans tous les ateliers sans exception, mesures relatives à la *santé*, à la *sécurité*, à *l'emploi du temps et heures des repas*, aux *jours fériés*, à l'*éducation des enfants*, aux *certificats d'aptitude aux emplois* et aux *accidents*.

La IIe, intitulée : Dispositions spéciales applicables a des catégories particulières de manufactures et ateliers, indique les *précautions spéciales d'hygiène pour certaines manufactures et ateliers;* les *restrictions spéciales concernant l'emploi des enfants*, *les repas et les certificats d'aptitude*, les *exceptions particulières atténuant la loi générale dans certaines manufactures et ateliers*, les *heures des repas*, le *travail supplémentaire*, *le travail de nuit*, l'*exception particulière aux manufactures ou ateliers domestiques et à certains autres;* les *dispositions supplémentaires relatives à des mesures spéciales*.

La IIIe partie, intitulée : Administration, Pénalités et Procédure légale, embrasse les dispositions relatives au service de l'*Inspection*, des *médecins accrédités*, les *mesures d'ordre à observer par le manufacturier*, les *amendes*, la *procédure légale*.

La IVe partie, intitulée : Définitions, réserves, application a l'Écosse et à l'Irlande et abrogations, comprend quelques *définitions* d'expressions employées dans la loi, l'*exemption spéciale de certaines industries*, des *réserves*, l'*application de la loi à l'Écosse et à l'Irlande*, et enfin l'*abrogation des Actes antérieurs*.

Enfin, cette loi est suivie de 6 Annexes, contenant, la 1re, des *Dispositions spéciales d'hygiène* (Manufactures et ateliers, dans lesquels l'emploi des adultes et des enfants est restreint), la 2e des *Restrictions spéciales* (Lieux interdits pour les repas); la 3e des *Exceptions spéciales* (Période d'emploi; heures des repas; heures supplémentaires; demi-heure additionnelle, heures supplémentaires pour articles sujets à détérioration; travail de nuit; travaux alternatifs); la 4e la *Liste des manufactures et ateliers* (Manufactures et ateliers non textiles) ; la 5e des *Exemptions spéciales* et, enfin, la 6e, *l'énumération des Lois abrogées.*

L'*hygiène* et la *sécurité de l'atelier* ont été l'objet de la plus vive sollicitude du législateur anglais.

Il a prescrit de sages mesures pour rendre inoffensive l'approche des engins mécaniques qui se meuvent dans l'atelier ; des appareils protecteurs en doivent envelopper toutes les parties dangereuses. Le nettoyage des machines, pendant la marche, est absolument interdit aux femmes et aux enfants.

Parmi les dispositions relatives à la sécurité de l'ouvrier dans le voisinage des machines, nous ferons remarquer celle, très-libérale, relative au droit, pour l'industriel, de soumettre à un arbitrage toute mesure de modification de l'agencement prescrite par l'inspecteur, arbitrage dont les frais, toutefois, resteront à sa charge, si la mesure est maintenue par les arbitres.

L'obligation de révéler au service de l'inspection tout *accident* qui atteint un travailleur, dès que cet accident doit entraîner une incapacité de travail de plus de 24 heures, empêche les manufacturiers de se soustraire à la responsabilité pénale et civile des sinistres qui désolent trop souvent l'atelier.

Une amende élevée frappe l'industriel qui a exposé cet ouvrier à un travail reconnu dangereux, par suite du défaut d'appareils protecteurs ; et un prélèvement est fait, sur cette amende, pour indemniser la partie lésée.

La *salubrité* de l'atelier est entourée de recommandations minutieuses, relatives à la ventilation, à l'espace nécessaire à la circulation de l'air, au non encombrement de l'atelier et au nettoyage régulier.

Le service sanitaire cumule, du reste, avec celui de l'inspection, la surveillance afférente à ces conditions du milieu dans lequel les ouvriers sont appelés à travailler. Inspecteurs et médecins exercent simultanément leur action bienfaisante. (La loi de 1875 sur la santé publique reste, d'ailleurs, applicable à tout atelier.)

Le législateur de 1878 s'est particulièrement préoccupé, ensuite, de la protection des enfants, des adolescents ou adultes et de femmes employés dans l'industrie.

L'enfant et l'adulte sont exclus de certains travaux ou pénibles ou dangereux.

L'enfant ne peut être *admis* dans l'atelier qu'à l'âge de 10 ans révolus.

A partir de l'âge de 10 ans, il ne peut être occupé que pendant 6 heures et, dans quelques cas exceptionnels,7 heures par jour, entre 6 ou 7 heures du matin et 6 ou 7 heures du soir.

L'enfant devient adulte à 14 ans ; et, jusqu'à 16 ans, il ne peut être reçu dans un atelier sans produire un certificat médical constatant son aptitude physique.

Le *travail du dimanche* est interdit pour les enfants, les adultes et les femmes (sauf exception pour les ouvriers israélites). Il leur est également donné congé de l'atelier à certaines grandes fêtes de l'année.

La *durée de la journée* de travail a été règlementée avec le plus grand soin par le législateur anglais, qui semble avoir apporté une attention toute particulière à cette fixation.

La durée normale est d'une demi-journée pour les enfants (de 6 ou de 7 heures du matin à 1 heure de l'après-midi, et de 1 heure de l'après-midi à 6 ou 7 heures du soir), ou de deux jours l'un, pendant 12 heures, avec des repos de 2 heures au moins. L'enfant doit, dans tous les cas, avoir un repos d'une demi-heure au moins, après 4 heures et demie de travail continu. La durée de son travail journalier ne peut donc dépasser 10 heures, tous les deux jours, ou 6 heures tous les jours.

Les adultes et les femmes peuvent être employés, chaque jour, aussi longtemps que les enfants, de deux jours l'un, et aux mêmes heures.

Les enfants, adultes et femmes doivent prendre leurs repas en même temps et en dehors des parties de l'établissement où le travail est continué.

La loi interdit d'employer des enfants, des adultes et des femmes, au *travail de nuit* (sauf, pour les garçons de 14 ans, dans les métallurgies, imprimeries, papeteries et verreries; et, pour ceux de 16 ans, dans les imprimeries des journaux et dans les usines autres que les filatures, désignées par un secrétaire d'État, après enquête préalable; — et ce travail ne peut avoir lieu que pendant 7 nuits au plus par quinzaine; à chaque nuit passée au travail doit succéder un repos d'au moins 12 heures.)

Le législateur anglais s'est sérieusement préoccupé des moyens propres à favoriser l'*instruction* de l'enfant employé dans les manufactures.

Cet enfant doit fréquenter une école « certifiée », c'est-à-dire reconnue officiellement comme devant recevoir ces enfants.

L'obligation pour le patron de se faire remettre le certificat de l'instituteur, attestant que l'enfant a suivi le cours obligatoire, apporte une garantie à l'obligation pour l'enfant d'acquérir l'instruction primaire.

Toute absence de l'école est réparée au moyen d'un temps correspondant, pris sur les heures du travail.

Les parents sont frappés d'amende pour toute contravention à l'obligation de la fréquentation de l'école.

L'industriel, qui acquitte la rétribution scolaire entre les mains de l'instituteur, en retient le montant sur le modique salaire qu'il paye à l'enfant.

Cette loi du 27 mai 1878 a reconnu la nécessité de favoriser certaines industries de concessions particulières; toutefois, ces concessions ne leur ont été accordées qu'en se renfermant dans la mesure la plus limitée qu'il a été possible. — Ces *exceptions* à la règle générale profitent aux fabriques de dentelles, boulangeries, etc.

La faculté de remplacer les repos d'une demi-heure, en réduisant le temps du travail, est laissée aux fabricants de tissus élastiques, de rubans et de passementeries.

Si un accident se produit aux machines, s'il devient nécessaire de les réparer, ou si toute autre nécessité urgente se présente, la journée de travail peut être prolongée au delà de l'heure habituelle.

Les *ateliers domestiques*, c'est-à-dire ceux où le local sert d'habitation particulière, où le travail est exécuté manuellement par les membres d'une même famille, ne sont pas soumis à toute la rigueur de la réglementation que nous venons d'analyser.

Dans ces ateliers, les enfants peuvent travailler une demi-journée seulement avec un repos, après cinq heures ou plus de travail; et les adultes peuvent travailler de 6 heures du matin à 9 heures du soir, mais avec un intervalle de 4 heures et demie de repos.

L'*exécution de la loi* concernant les manufactures et ateliers est assurée par les mesures suivantes :

Un ministre, secrétaire d'État, est chargé de veiller à son exacte application dans toutes les parties du Royaume.

Sous ses ordres est placé le service de l'Inspection.

Ces inspecteurs, revêtus d'une commission spéciale, jouissent du droit de pénétrer, à toute heure du jour et de la nuit, dans les manufactures, ateliers et même ateliers domestiques; ils peuvent entrer de même dans les écoles.

Les droits afférents au service de l'inspecteur sont réglés de manière à ce qu'ils puissent remplir leur mandat et faire lever tout obstacle qui serait apporté au plein exercice de leurs fonctions.

Les infractions à la loi, commises dans l'emploi d'enfants, d'adultes ou de femmes, sont sanctionnées par la pénalité d'amendes.

Le patron est passible d'autant d'amendes de 3 à 5 livres, qu'il a contrevenu de fois aux prescriptions légales.

Le cumul des contraventions et leur récidive entraînent l'application de condamnations plus sévères.

La poursuite des contraventions se fait devant la *Court of summary juridiction.*

L'appel est porté devant les *Quarter Sessions.*

La loi anglaise réglementant le travail industriel aurait pu donner lieu, de notre part, à d'intéressants rapprochements avec la loi française du 19 mai 1874 ; mais nous avons cru préférable de laisser au lecteur le soin de faire lui-même cette étude comparative (1).

---

(1) Voir notre COMMENTAIRE DE LA LOI SUR LE TRAVAIL DES ENFANTS (du 19 mai 1874), en collaboration avec notre confrère M. *Ern. Nusse*, avocat; 1878, au siége de la *Société de protection.*

L'ACTE

CONCERNANT LES MANUFACTURES ET LES ATELIERS

du 27 Mai 1878.

DISPOSITION DES SECTIONS.

PRÉLIMINAIRES.

Section.

1. Court intitulé.
2. Mise en vigueur de l'Acte.

PREMIÈRE PARTIE.

LOI GÉNÉRALE CONCERNANT LES MANUFACTURES ET ATELIERS.

(1) *Mesures sanitaires.*

3. Conditions sanitaires de la manufacture et de l'atelier.
4. Avis par l'inspecteur à l'autorité sanitaire du manque de salubrité de la manufacture ou de l'atelier.

(2) *Mesures de sécurité.*

5. Entourage de certaines machines.
6. Entourage d'autres machines dangereuses dont avis est donné par l'inspecteur.
7. Entourage de cuves ou constructions dangereuses, dont avis est donné par l'inspecteur.
8. Fixation des pierres meulières et remplacement de la pierre défectueuse, quand l'avis en est donné par l'inspecteur.
9. Restriction au sujet du nettoyage de la machine en mouvement, ou du travail entre les pièces d'une machine automotrice.

(3) *Emploi du temps et heures des repas.*

10. Période d'emploi des enfants, adultes et femmes.

11. Période d'emploi, etc., pour adultes et femmes dans une manufacture textile.
12. Période d'emploi des enfants dans une manufacture textile.
13. Période d'emploi, etc., pour adultes et femmes dans une manufacture non textile et pour adultes dans un atelier.
14. Période d'emploi pour enfants dans une manufacture non textile et dans un atelier.
15. Période d'emploi, heures des repas et durée de l'occupation continue des femmes dans un atelier.
16. Période d'emploi et heures des repas pour enfants et adultes dans un atelier domestique.
17. Les heures des repas doivent être simultanées et l'emploi pendant ce temps est interdit.
18. Règlements de la période d'emploi, le samedi, des adultes ou femmes occupés seulement huit heures par jour.
19. Notice fixant la période d'emploi, les heures de repas et le mode d'occupation des enfants.
20. Défense d'employer des enfants au-dessous de dix ans.
21. Défense d'employer des enfants, des adultes et des femmes le dimanche.

(4) *Jours fériés.*

22. Jours devant être considérés comme fériés, et demi-journées accordées dans les manufactures et ateliers.

(5) *Éducation des enfants.*

23. Présence à l'école des enfants employés dans une manufacture ou un atelier.
24. L'occupant de la manufacture ou de l'atelier doit se faire délivrer un certificat de présence à l'école.
25. Paiement par l'occupant de la somme à appliquer à l'écolage de l'enfant, et déduction de cette somme du montant des salaires.
26. Emploi comme mineur d'un enfant de treize ans, sur l'obtention d'un certificat d'étude.

(6) *Certificats d'aptitude aux emplois.*

27. Certificat d'aptitude pour l'emploi des enfants et adultes au-dessous de seize ans dans les manufactures.
28. Certificat d'aptitude pour l'emploi des enfants et adultes au-dessous de seize ans dans les ateliers.

DEUXIÈME PARTIE.

DISPOSITIONS SPÉCIALES RELATIVES A DES CATÉGORIES PARTICULIÈRES DE MANUFACTURES ET ATELIERS.

43. Pouvoir du Secrétaire d'État d'accorder la durée de la journée de travail de 9 heures du matin à 9 heures du soir dans certaines circonstances.

44. Pouvoir de faire travailler des adultes du sexe masculin au-dessus de seize ans dans les manufactures de dentelle.

45. Pouvoir de faire travailler des adultes du sexe masculin au-dessus de seize ans dans les boulangeries.

46. Remplacement par le Secrétaire d'État de la demi-journée du samedi par une autre demi-journée de congé.

47. Le samedi, les ouvrages de teinture en rouge de Turquie doivent cesser à 4 heures 1/2.

48. Emploi continu des enfants, adultes et femmes dans certains cas.

49. Demi-journées et journées de congé accordées à différentes époques à plusieurs catégories d'enfants, d'adultes et de femmes.

50. Emploi des adultes et de femmes par des occupants juifs de manufactures ou ateliers.

51. Emploi de juifs par des juifs le dimanche.

(b) *Heures de repas.*

52. Exception relative aux heures des repas simultanées et à l'emploi ou au séjour à l'atelier, dans lequel se continue la fabrication durant les heures de repas.

(c) *Travail supplémentaire.*

53. Pouvoir d'employer des adultes et des femmes pendant quatorze heures par jour.

54. Pouvoir d'employer pendant une demi-heure après la fin de la journée, quand un travail est resté dans un état incomplet.

55. Emploi des adultes, etc., dans la teinture en rouge de Turquie et dans le blanchissage en plein air.

56. Emploi des femmes durant quatorze heures par jour, dans le but de préserver des articles sujets à détérioration.

57. Exception pour les manufactures se servant de l'eau comme force motrice.

(d) *Travail de nuit.*

58. Emploi d'adultes du sexe masculin pendant la nuit.

59. Emploi la nuit dans certains ouvrages typographiques d'adultes du sexe masculin de seize ans.

60. Emploi d'adultes du sexe masculin dans les verreries.

TROISIÈME PARTIE.

ADMINISTRATION, PÉNALITÉS ET PROCÉDURE LÉGALE.

95. Définition de « école certifiée efficace » et de « école reconnue efficace ».

96. Définitions générales : « Enfant », « Adulte », « Femme », « Parent », « Trésorerie », « Secrétaire d'État », « Département d'éducation », « Autorité sanitaire », « Personne », « Semaine », « Nuit », « Prescrit », « Actes de juridiction sommaire », « Tribunal de juridiction sommaire », « Mouvement à engrenages ».

Exemption spéciale de certaines industries.

97. Exemption de métiers (cinquième annexe) dans les habitations privées.

98. Exemption de certains travaux d'intérieur.

(2) *Réserves.*

99. Réserve au sujet de la responsabilité du loueur de la machine, quand il n'est pas l'occupant.

100. Réserve au sujet des personnes employées aux réparations de machines, de fabriques ou d'ateliers, ou pendant la salaison du poisson.

101. Application aux manufactures et ateliers de l'Acte 38 et 39 Vict., c. 55.

102. Interprétation des actes législatifs, etc., se rapportant aux lois abrogées.

(3) *Application de la loi à l'Écosse et à l'Irlande.*

103. Réserve temporaire pour l'emploi des enfants au-dessous de dix ans et des enfants au-dessus de treize ans en Écosse et en Irlande.

104. Certificats de naissance pour les besoins de la loi.

105. Application de la loi à l'Écosse.

106. Application de la loi à l'Irlande.

(4) *Abrogation.*

107. Abrogation de lois.

ANNEXES.

PREMIÈRE ANNEXE.

DISPOSITIONS SPÉCIALES D'HYGIÈNE.

Manufactures et ateliers dans lesquels l'emploi des adultes et des enfants est restreint.

1. Restriction concernant l'emploi des adultes et des enfants.
2. Des enfants, etc., dans les verreries.
3. Des filles au-dessous de seize ans dans certains emplois.
4. Des enfants dans le polissage du métal et le trempage des allumettes chimiques.
5. De l'enfant au-dessous de onze ans dans le polissage à sec, etc.

DEUXIÈME ANNEXE.

RESTRICTIONS SPÉCIALES.

Lieux interdits pour les repas.

Parties des manufactures ou ateliers dans lesquelles il est interdit aux enfants, adultes et femmes de prendre leurs repas.

TROISIÈME ANNEXE.

EXCEPTIONS SPÉCIALES.

PREMIÈRE PARTIE.

Période d'emploi.

Emploi des enfants, adultes et femmes de huit heures du matin à huit heures du soir dans certaines industries.

DEUXIÈME PARTIE.

Heures des repas.

Cas dans lesquels les dispositions relatives aux heures des repas ne sont pas applicables.

TROISIÈME PARTIE.

Heures supplémentaires.

Manufactures et ateliers dans lesquels les adultes et les femmes peuvent être autorisés à travailler quatorze heures par jour sous certaines restrictions.

QUATRIÈME PARTIE.

Demi-heure additionnelle.

Manufactures dans lesquelles un enfant, un adulte ou une femme peuvent être employés une demi-heure de plus.

CINQUIÈME PARTIE.

Heures supplémentaires pour articles sujets à détérioration.

Manufactures et ateliers dans lesquels les femmes peuvent être employées quatorze heures par jour.

SIXIÈME PARTIE.

Travail de nuit.

Manufactures dans lesquelles les adultes du sexe masculin peuvent être employés la nuit.

SEPTIÈME PARTIE.

Travaux alternatifs.

Emploi non interrompu des enfants, adultes et femmes pendant cinq heures dans certaines manufactures textiles durant les mois d'hiver.

QUATRIÈME ANNEXE.

Liste de manufactures et ateliers.

PREMIÈRE PARTIE.

Manufactures non textiles.

« Ateliers d'impression sur étoffes. » « Ateliers de blanchisserie et de teinture. » « Ateliers de poterie. » « Fabriques d'allumettes chimiques. » « Capsulerie. » « Cartoucherie. » « Fabriques de papier peint. » « Ateliers de futaine dépilée. » « Hauts fourneaux. » « Usines

de cuivre. » « Usines de fer. » « Fonderies. » « Fabriques de métal et gomme élastique. » « Fabriques de papier. » « Verreries. » « Manufactures de tabacs. » « Imprimerie en caractères. » « Ateliers de reliure. » « Fabriques pour le teillage du lin. »

DEUXIÈME PARTIE.

Manufactures et ateliers non textiles.

« Chapelleries. » « Corderies. » « Boulangeries. » « Magasins de dentelle. » « Chantiers de construction de navires. » « Carrières. » « Ateliers au bord des mines. »

CINQUIÈME ANNEXE.

Exemptions spéciales.

« Tresseur de paille. » « Dentelle au fuseau. » « Gantier. »

SIXIÈME ANNEXE.

Lois abrogées.

Chapitre 16.

ACTE LÉGISLATIF

DESTINÉ A UNIFIER ET A AMENDER LA LOI RELATIVE AUX MANUFACTURES ET ATELIERS.

(27 mai 1878)

Décrété, comme suit, par sa Très-Excellente Majesté la Reine, par et avec l'avis et le consentement des Lords Spirituels et Temporels, et des Communes, actuellement assemblés en Parlement et par l'autorité des mêmes :

PRÉLIMINAIRES.

1. Cette loi portera le titre de : Acte de 1878 relatif aux manufactures et ateliers. *Court intitulé.*

2. Cette loi sera mise en vigueur à partir du premier jour de janvier mil huit cent soixante-dix-neuf, lequel jour est regardé comme le commencement de l'Acte. Des dispositions seront prises afin que dès que la loi aura cours, nulle entrave ne soit apportée à son exécution en ce qui concerne les nominations, règlements, ordonnances, avis, prescriptions et décisions qui peuvent paraître nécessaires au Secrétaire d'État. *Mise en vigueur de la loi.*

PREMIÈRE PARTIE.

Loi générale relative aux Manufactures et Ateliers.

(1) *Mesures sanitaires.*

3. Une manufacture et un atelier doivent être tenus en état de propreté et délivrés de toute émanation provenant d'un fossé, de lieux privés ou de toute autre cause insalubre. *Condition sanitaire de la manufacture et de l'atelier.*

Une manufacture ou un atelier ne doit pas être rempli de monde, pendant les heures de travail, au point de nuire à la santé des employés, et doit être aéré de façon à rendre inoffensifs, autant que possible, tous les gaz, vapeurs, poussière et autres impuretés engendrées par la fabrication des produits ou la main-d'œuvre.

Toute manufacture ou tout atelier qui contreviendront aux dispositions de cette section seront considérés comme n'étant pas tenus conformément à cette loi.

Avis par l'inspecteur à l'autorité sanitaire des défauts de salubrité dans la manufacture ou l'atelier.

4. Lorsqu'il vient à la connaissance de l'inspecteur qu'il a été commis dans la manufacture ou l'atelier un acte de négligence, ou qu'il existe un défaut dans la tenue des fossés, water-closets, enclos, communs, cendriers, puits ou tout autre délit dont il n'est pas parlé dans l'Acte, mais qui est passible de la loi sur la salubrité publique, l'inspecteur donnera avis par écrit de l'acte de négligence ou du manquement à l'autorité sanitaire du district dans lequel est situé la manufacture ou l'atelier, et l'autorité sanitaire aura pour devoir de faire telle enquête que l'avis comportera et de prendre telle décision qu'elle jugera propre à atteindre le but de la loi.

L'inspecteur peut, pour les besoins de cette section, prendre avec lui dans l'intérieur de la manufacture ou de l'atelier un officier médical de santé, un inspecteur de salubrité, ou tout autre agent de l'autorité sanitaire.

(2) *Mesures de sécurité.*

Entourage de certaines machines.

5. Au sujet des entourages des engins dans les manufactures, les précautions suivantes devront être prises :

(1) Tout ascenseur ou treuil auprès duquel une personne est obligée de passer ou de travailler, tout volant mis en mouvement directement par la vapeur, l'eau, ou autre force motrice, et toute partie de la machine à vapeur et de la roue à eau, doivent être entourés de barrières ou de clôtures ;

(2) Tout chemin de roue non autrement garanti sera entouré d'une barrière jusqu'au bout de sa course ;

(3) Toute partie des engrenages sera ou entourée ou disposée de telle façon que les employés de la manufacture seront aussi bien préservés de son atteinte que si elle était entourée ;

(4) Toute clôture devra être constamment maintenue en parfait état, tant que les parties indiquées pour être entourées, seront en mouvement ou serviront à la fabrication des produits.

La manufacture dans laquelle on relèvera des contraventions à cette section sera considérée comme ne se conformant pas aux dispositions du présent Acte.

Entourage de toute autre machine dangereuse dont avis est donné par l'inspecteur.

6. Quand un inspecteur juge que dans une fabrique une partie quelconque d'une machine de quelque nature qu'elle soit mue par la vapeur, l'eau ou autre force motrice auxquelles les dispositions précédentes du présent Acte à l'égard de l'entourage des machines, ne s'appliquent pas, manque de la clôture préservatrice et est assez dangereuse pour provoquer des blessures aux employés de la fabrique, les dispositions suivantes serviront de règles pour l'érection de barrières autour de telle machine :

(1) L'inspecteur remettra au propriétaire de la fabrique un avis lui enjoignant de clôturer la partie de la machine qu'il juge dangereuse.

(2) L'occupant, dans les sept jours qui suivront la réception de l'avis, peut présenter à l'inspecteur une requête tendant à déférer le cas à un arbitrage. Le cas sera alors déféré à un arbitrage, et deux arbitres compétents seront désignés, l'un par l'inspecteur, l'autre par l'occupant. Conformément aux dispositions de l'Acte de 1845 pour la consolidation des clauses de compagnies, relativement au règlement des différends par arbitrage, et conformément aux dispositions expresses de cette section, les arbitres ou leur tiers devront donner leur décision dans les vingt et un jours, ou, dans le cas d'un tiers arbitre désigné par les parties, dans un laps de temps dont l'inspecteur et l'occupant détermineront la durée par écrit. Si la décision n'est pas rendue dans les délais ainsi prescrits, le cas sera déféré à l'arbitrage d'un tiers arbitre désigné par le juge du comté, dont la juridiction s'étend à la fabrique.

8 et 9 Vict. c. 16.

(3) Si les arbitres ou leur tiers décident qu'il est inutile ou impossible d'entourer la machine désignée dans le rapport comme dangereuse, l'avis sera annulé, et l'occupant ne pourra plus être requis de placer une clôture, et les dé-

penses nécessitées par l'arbitrage seront soldées comme les dépenses des inspecteurs.

(4) Si l'occupant ne notifie pas à l'inspecteur, dans les sept jours, la demande de déférer le cas à l'arbitrage, ou s'il ne désigne pas un arbitre dans les sept jours qui suivront la notification de cette requête, ou si les arbitres ou le tiers arbitre ne décident pas qu'il est inutile ou impossible d'entourer la machine indiquée dans l'avis comme dangereuse, l'occupant devra entourer ladite machine d'une barrière protectrice en concordance avec l'avis, ou suivant la sentence des arbitres ou du tiers arbitre, si cette sentence modifie l'avis. Dans ce cas, les dépenses de l'arbitrage seront supportées par l'occupant, contre lequel l'inspecteur aura recours devant le tribunal du comté.

(5) Si l'occupant manque de se conformer dans un laps de temps raisonnable, suivant les prescriptions de cette section, aux conclusions de l'avis ou de l'arbitrage, ou manque d'entourer ladite machine comme il a été décidé, ou bien manque de tenir la barrière en bon état, tant que la machine désignée est en mouvement pour servir à la fabrication des produits, la manufacture sera jugée comme n'étant pas tenue en conformité du présent Acte.

(6) Pour les besoins de cette section et des dispositions du présent Acte qui s'y rapportent, on considérera comme « machine » tout engin muni d'une courroie ou bande de transmission quelconque.

Barrière autour des cuviers ou constructions dangereuses, dont avis est donné par l'inspecteur.

7. Lorsqu'un inspecteur juge que, dans une fabrique ou un atelier, une cuve, un cuvier, ou autre construction en usage pour la fabrication ou la main-d'œuvre dans une telle manufacture ou un tel atelier, et auprès de laquelle les enfants et adultes sont susceptibles de passer, est assez dangereuse par le liquide brûlant, métal en fusion ou autre produit qui pourrait s'en échapper, pour occasionner des blessures aux enfants et adultes, cet inspecteur en avisera l'occupant par écrit réclamant une barrière autour de la cuve, du cuvier, ou autre construction.

Les dispositions du présent Acte, concernant l'entourage des machines que l'inspecteur juge dangereuses par suite de leur manque de protection, seront appliquées de la même façon que si ces engins étaient désignés dans cette section, seulement on substituera le mot de cuve, cuvier, etc., à celui de machine, avec l'addition d'atelier, et si l'occupant manque constamment de maintenir en bon état l'entourage de la cuve, ou du cuvier ou autre construction, pendant le temps qu'un liquide dangereux y est en ébullition, la manufacture ou l'atelier seront jugés comme ne se conformant pas aux prescriptions du présent Acte.

Assujettissement des pierres meulières et remplacement de la pierre défectueuse, dont avis est donné par l'inspecteur.

8. Quand un inspecteur remarque dans une fabrique qu'une pierre meulière mise en mouvement par la vapeur, l'eau ou toute autre force motrice, est défectueuse ou mal assujettie, de façon à pouvoir occasionner des blessures à l'ouvrier qui s'en sert, il en donne avis à l'occupant de la manufacture en le requérant de la remplacer ou de rectifier le défaut d'assujettissement.

Les prescriptions du présent Acte en ce qui concerne l'entourage des machines considérées comme dangereuses par l'inspecteur doivent être appliquées dans le cas actuel, comme s'il en était fait mention dans la section, en modifiant seulement la désignation des pièces visées.

Si l'occupant manque de tenir en tel état qu'elle ne puisse offrir de danger, la pierre meulière désignée dans l'avis ou la sentence des arbitres, la fabrique sera considérée comme n'étant pas tenue en conformité du présent Acte.

Restriction au sujet du nettoyage de la machine en mouvement ou du travail entre les pièces de cette machine.

9. On ne doit pas confier à un enfant le nettoyage d'aucune pièce des engins dans une fabrique, quand cette pièce est en mouvement par le moyen de la vapeur, de l'eau, ou toute autre force mécanique.

Un adulte ou une femme ne peuvent être employés au nettoyage d'une pièce des engins dans une fabrique, telle qu'un engrenage, quand ils sont en mouvement pour donner l'impulsion aux machines manufacturières.

Un enfant, un adulte ou une femme ne doivent pas travailler entre les pièces fixes et à pivot d'une machine automotrice lorsque cette machine est en mouvement par l'action de la vapeur, de l'eau, ou tout autre moteur mécanique.

Un enfant, un adulte ou une femme qui seront employés contrairement aux prescriptions contenues dans cette section, seront considérés comme étant employés contrairement aux prescriptions du présent Acte.

(3) *Emploi et heures des repas.*

Période d'emploi des enfants, adultes et femmes.

10. Un enfant, un adulte ou une femme ne peuvent être employés dans une manufacture ou un atelier, en dehors de la période d'emploi ci-après déterminée :

Période d'emploi etc., pour adultes et femmes dans une manufacture textile.

11. Au sujet de l'emploi des adultes et des femmes dans une manufacture textile, les règles suivantes seront observées :

(1) La journée de travail, excepté le samedi, commencera à 6 heures du matin pour se terminer à 6 heures du soir, ou commencera à 6 heures du matin pour se terminer à 7 heures du soir.

(2) La journée commencera, le samedi, à 6 heures ou 7 heures du matin.

(3) Quand la journée du samedi commencera à 6 heures du matin,

(*a*) S'il n'est pas accordé moins d'une heure pour les repas, elle se terminera à une heure de l'après-midi, pour les ouvrages en cours de fabrication, et à une heure et demie de l'après-midi pour tous les autres emplois.

(*b*) S'il est accordé moins d'une heure pour les repas, la journée se terminera à midi et demi pour les ouvrages en cours de fabrication et à une heure de l'après-midi pour tous les autres ouvrages.

(4) Quand la journée du samedi commencera à 7 heures du matin, elle se terminera à une heure et demie de l'après-midi pour tous les ouvrages en cours de fabrication, et à 2 heures de l'après-midi pour tous les autres ouvrages.

(5) La durée des repas sera réglée de la façon suivante dans les fabriques :

(*a*) On n'accordera pas moins, sauf le samedi, de deux heures, dont une heure au moins soit en une fois, soit en différentes fois, avant 3 heures de l'après-midi.

(*b*) Le samedi, on n'accordera pas moins d'une demi-heure.

(6) Un adulte ou une femme ne devront pas être occupés continuellement plus de quatre heures et demie, sans

un intervalle d'au moins une demi-heure pour le repas.

Période d'emploi des enfants dans une manufacture textile.

12. Au sujet de l'emploi des enfants dans une manufacture textile, les règles suivantes seront observées :

(1) Les enfants ne pourront être employés que selon le système de travail par brigades de matin et d'après-midi, ou celui des jours alternés.

(2) La période d'emploi pour un enfant, dans la brigade du matin, commencera, excepté le samedi, à la même heure que s'il était un adulte, et se terminera à une heure de l'après-midi, ou au moment fixé pour le dîner, si le dîner a lieu avant une heure.

(3) La période d'emploi pour les enfants, dans la brigade de l'après-midi commencera, excepté le samedi, à une heure de l'après-midi, ou à l'heure à laquelle le dîner finit; elle se terminera à la même heure que pour l'adulte.

(4) La période d'emploi pour tout enfant, le samedi, commencera et finira à la même heure que si l'enfant était un adulte.

(5) Dans la brigade du matin ou dans celle de l'après-midi un enfant ne pourra être employé pendant deux périodes successives de sept jours; il ne pourra être employé deux samedis consécutifs, ni le samedi de la semaine dont une des journées de travail aura dépassé cinq heures et demie.

(6) Quand un enfant est employé d'après le système des jours alternés, la période d'emploi et le temps accordé pour les repas seront les mêmes que pour l'adulte, mais l'enfant ne pourra alors être employé deux jours successifs ni le même jour de la semaine pendant deux semaines consécutives.

(7) Un enfant ne pourra, suivant tout autre système, être employé d'une manière continue pendant une période plus longue que s'il était un adulte, sans un intervalle d'au moins une demi-heure pour un repas.

Période d'emploi, etc., pour les adultes et les femmes dans les manufactures

13. Au sujet de l'emploi des adultes et des femmes dans une manufacture non textile, et des adultes dans un atelier, les règles suivantes seront observées :

(1) La période d'emploi, hormis le samedi, sera (sauf les

non textiles et pour les adultes dans les ateliers.

exceptions spéciales indiquées dans le présent Acte) soit de six heures du matin à six heures du soir ou de sept heures du matin à sept heures du soir.

(2) La période d'emploi, le samedi (sauf les exceptions spéciales indiquées dans le présent Acte) commencera à six heures ou à sept heures du matin et finira à deux heures de l'après-midi.

(3) Il sera accordé, pour les repas, durant ladite période d'emploi, dans les manufactures ou ateliers :

(*a*) Pas moins d'une heure et demie, tous les jours, excepté le samedi; sur ce temps, une heure au moins sera accordée en une fois ou en différentes fois, avant trois heures de l'après-midi.

(*b*) Le samedi, on n'accordera pas moins d'une demi-heure.

(4) L'adulte ou la femme dans une manufacture non textile et l'adulte dans un atelier ne pourront être employés d'une manière continue pendant plus de cinq heures sans un intervalle d'au moins une demi-heure pour un repas.

Période d'emploi pour les enfants dans les manufactures non textiles et les ateliers.

14. Au sujet de l'emploi des enfants dans une manufacture non textile ou dans un atelier, les règles suivantes devront être observées :

(1) Les enfants ne pourront être employés que d'après les systèmes du travail par brigades de matin et d'après-midi ou d'après le système des jours alternés dans les manufactures ou ateliers qui n'accordent pas moins de deux heures pour les repas quotidiens, sauf le samedi.

(2) La période d'emploi pour un enfant dans la brigade du matin, y compris le samedi, commencera à six ou à sept heures du matin et finira à une heure de l'après-midi ou au commencement du dîner, si le dîner a lieu avant une heure.

(3) La période d'emploi pour un enfant dans la brigade de l'après-midi, y compris le samedi, commencera à une heure de l'après-midi ou après midi et demi, heure à laquelle le dîner est achevé. Elle se terminera, le samedi, à deux heures de l'après-midi et, tous les autres jours, à six ou à sept heures du soir, suivant que la période

d'emploi des enfants, dans la brigade du matin, commence à six ou à sept heures du matin.

(4) Un enfant ne pourrra être employé durant deux périodes consécutives de sept jours, soit dans une brigade du matin, soit dans une brigade de l'après-midi; il ne pourra non plus être employé le samedi dans la même brigade dans laquelle il a travaillé pendant les autres jours de la même semaine.

(5) Quand un enfant est employé d'après le système des jours alternés,

(*a*) La période d'emploi de cet enfant commencera, sauf le samedi, à six ou à sept heures du matin et se terminera à six ou à sept heures du soir.

(*b*) Le samedi, la journée de l'enfant commencera à six ou à sept heures du matin pour finir à deux heures de l'après-midi.

(*c*) Il lui sera accordé, pendant ladite période d'emploi, au moins deux heures pour les repas, sauf le samedi où il aura au moins une demi-heure.

(*d*) En aucune manière l'enfant ne pourra être employé deux jours successifs, ni le même jour de la semaine pendant deux semaines successives.

(6) Dans n'importe quel système, un enfant ne pourra être employé d'une manière continue pendant plus de cinq heures, sans un intervalle d'au moins une demi-heure pour un repas.

Période d'emploi, heure des repas et durée de l'emploi continu pour les femmes dans les ateliers.

15. L'emploi des femmes dans les ateliers sera ainsi réglé :

(1) Dans un atelier qui emploie des enfants et des adultes ou les uns ou les autres, une femme ne pourra être employée que durant la même période, et bénéficiera des mêmes restrictions que l'adulte; de plus, les prescriptions du présent Acte au sujet de l'emploi d'adultes dans un atelier seront applicables à l'emploi de femmes dans cet atelier.

(2) Dans un atelier qui n'emploie pas d'enfants ou d'adultes,

(*a*) La journée de travail d'une femme commencera, excepté le samedi, à six heures du matin pour finir à neuf heures du soir. Le samedi, elle commencera à six heures du matin et se terminera à quatre heures de l'après-midi.

(*b*) Il sera accordé à la femme pour repas et absence de l'atelier, durant la période d'emploi, au moins de quatre heures et demie par jour, sauf le samedi, où on lui accordera au moins deux heures et demie.

Un atelier sera considéré comme employant des enfants ou des adultes, jusqu'à ce que l'occupant ait donné à un inspecteur avis qu'il ne se sert pas d'eux.

Période d'emploi et heure des repas pour les enfants et adultes dans les ouvrages domestiques.

16. Dans les travaux d'intérieur, c'est-à-dire dans les habitations privées, chambres, etc., qui, tout en étant des domiciles particuliers, se rapportent par leur genre d'occupation à la manufacture ou à l'atelier désignés dans le présent Acte, qui n'utilisent ni eau, ni vapeur, ni autre moteur mécanique pour la manufacture de leurs produits, et dont les employés font partie de la famille qui y habite, les prescriptions de l'Acte, en ce qui concerne le travail des enfants et adultes, ne seront pas appliquées. On les remplacera par le règlement suivant :

(1) L'enfant ou l'adulte ne pourront être occupés dans l'atelier ou la manufacture que durant la période d'emploi ci-après indiquée :

(2) La journée de travail de l'adulte commencera, sauf le samedi, à six heures du matin pour finir à neuf heures du soir. Le samedi, elle ira de six heures du matin à quatre heures de l'après-midi.

(3) Il ne sera pas accordé à l'adulte, pour les repas et l'absence du travail, moins de quatre heures et demie par jour, sauf le samedi, où on lui accordera au moins deux heures et demie.

(4) La période d'emploi pour l'enfant, commencera chaque jour à six heures du matin et finira à une heure de l'après-midi, ou commencera à une heure de l'après-midi pour finir à huit heures du soir. Le samedi, elle se terminera à quatre heures. Et pour se conformer aux prescriptions du présent Acte touchant l'éducation, l'enfant sera supposé, suivant les circonstances, être employé d'après le système des matinées ou celui des après-midi.

(5) Un enfant ne pourra être employé ni avant une heure de l'après-midi, ni après cette heure pendant deux

périodes successives de sept jours. Le samedi, il ne pourra être employé avant ou après une heure de l'après-midi si, un autre jour de la même semaine, il a été employé avant ou après cette heure.

(6) Un enfant ne pourra être employé d'une manière continue pendant plus de cinq heures, sans un intervalle d'au moins une demi-heure pour le repas.

Les heures des repas doivent être simultanées et le travail pendant les heures des repas doit être interdit.

17. Au sujet des repas (sauf les exceptions spécialement indiquées dans le présent Acte), les règles suivantes seront observées dans les manufactures et ateliers.

(1) Tous les enfants, adultes et femmes doivent prendre leurs repas à la même heure du jour.

(2) Un enfant, un adulte ou une femme ne pourront sous aucun prétexte travailler pendant les heures de repas, ni même rester à l'atelier où se fabriquent les produits.

Règles concernant le travail du samedi pour les adultes et les femmes employés seulement huit heures par jour.

18. La période d'emploi, le samedi, pour un adulte ou une femme, dans une manufacture non textile ou un atelier, peut avoir la même durée qu'un autre jour si la période d'emploi du mineur ou de la femme n'a pas excédé huit heures un autre jour de la semaine, et si l'avis en a été affiché dans la manufacture ou l'atelier, et notifié à l'inspecteur.

Avis fixant la période d'emploi, les heures des repas et le mode d'emploi des enfants.

19. L'occupant d'une manufacture ou d'un atelier peut, de temps en temps, dans les limites accordées par le présent Acte et suivant les exceptions qui y sont désignées, fixer et spécifier, par un avis affiché dans la manufacture ou l'atelier, la période d'emploi, les heures des repas, et si les enfants sont employés d'après le système des matinées et des après-midi ou celui des jours alternés.

La période d'emploi et le temps accordé pour les repas seront considérés comme étant spécifiés sur l'avis affiché dans la manufacture ou l'atelier, et tous les enfants seront employés d'après les systèmes des matinées et des après-midi ou des jours alternés, conformément au système indiqué dans cet avis.

Pourvu qu'aucun changement à la période d'emploi, aux heures ou au système de travail, ne soit fait avant que l'occupant n'en ait averti l'inspecteur et n'ait affiché dans son atelier l'intention qu'il a de faire ce changement, qui n'aura pas lieu, du reste, plus d'une fois par trimestre, à moins que l'inspecteur ne le permette, par écrit, pour une cause particulière.

Défense d'employer les enfants au-dessous de 10 ans.

20. Un enfant au-dessous de dix ans ne pourra être employé dans une manufacture ou un atelier.

Défense d'employer les enfants, adultes et femmes le dimanche.

21. Un enfant, un adulte ou une femme ne pourront être employés le dimanche dans les manufactures ou ateliers (sauf dans les cas spécialement mentionnés dans le présent Acte).

(4) *Jours de congé.*

Jours regardés comme fériés et demi-journées de congé accordées dans les manufactures ateliers.

38 et 39 Vict.

22. L'occupant d'une manufacture ou d'un atelier accordera (sauf les exceptions indiquées dans le présent Acte) à chaque enfant, adulte et femme qui y est employé, les congés suivants, à savoir :

(1) La journée entière de Noël et la journée entière du Vendredi Saint ou, si la chose est spécifiée par l'occupant sur l'avis affiché dans la manufacture ou atelier, de la plus proche fête publique fixée par la loi de 1875 concernant les jours fériés.

(2) Huit demi-journées de congé par an; cependant une journée entière peut remplacer deux demi-journées.

(3) Au moins la moitié desdites demi-journées ou journées entières sera accordée entre le 15 mai et le 1er octobre de chaque année.

(4) La cessation de travail ne sera pas considérée comme une journée ou une demi-journée de congé, à moins qu'un avis affiché dans la manufacture ou l'atelier, durant toute la journée de l'avant-veille, n'en ait prévenu les intéressés.

(5) Une demi-journée comprendra au moins la moitié de la période de travail des adultes et des femmes, pendant un jour quelconque autre que le samedi.

Un enfant, un adulte ou une femme qui est employé :

(*a*) pendant tout un jour de congé fixé par cette section,

(*b*) ou pendant une demi-journée désignée également dans cette section,

sera considéré comme étant employé contrairement aux prescriptions du présent Acte.

Dans le cas où un occupant ne se conformerait pas aux règlements concernant les journées et demi-journées de congé, il sera passible d'une amende qui n'excédera pas cinq livres sterlings.

(5) *Éducation des enfants.*

Assiduité à l'école des enfants employés dans les manufactures ou ateliers.

23. Le parent de l'enfant employé dans une manufacture ou un atelier l'obligera à fréquenter une école reconnue efficace (laquelle école pourra être choisie par le parent), savoir :

(1) L'enfant, quand il est employé dans une brigade du matin ou dans une brigade de l'après-midi, doit aller à l'école au moins une fois par jour de travail;

(2) L'enfant employé d'après le système des jours alternés devra, le jour où il ne sera pas occupé, être envoyé au moins deux fois à l'école;

(3) Les heures d'école, pour se conformer à l'esprit de cette section, seront fixées par le Secrétaire d'État, avec l'approbation du département de l'éducation, et prendront place entre huit heures du matin et six heures du soir.

Il est entendu que :

(*a*) L'enfant n'est pas obligé par le présent Acte d'assister à l'école la samedi, ou les jours et demi-jours de congé accordés, suivant cet Acte, dans la manufacture ou l'atelier dans lesquels l'enfant est employé.

(*b*) La non-fréquentation de l'école sera excusable, toutes les fois que l'enfant obtiendra du maître de l'école un certificat de maladie ou d'absence inévitable, ainsi que pour cause de fermeture de l'école pendant les vacances, ou par suite d'une cause passagère.

(*c*) Quand il y aura plus de deux milles — mesurés suivant la route la plus proche — de la résidence de l'enfant à l'école reconnue efficace, la fréquentation d'une école temporairement approuvée, par écrit, par un inspecteur, pourra être regardée comme fréquentation d'une école reconnue efficace, jusqu'à l'époque où une telle école sera établie, et l'inspecteur en fera rapport au département d'éducation, chaque fois qu'il aura approuvé une école dans le cas prévu par cette section.

Un enfant qui, pendant une semaine quelconque, n'aura pas assisté à l'école dans les conditions prescrites par cette section, ne devra pas être employé durant la semaine suivante, jusqu'à ce qu'il ait remplacé ses manquements par un nombre égal d'heures d'étude.

Le département de l'éducation devra, de temps en temps, par la publication de listes, d'avis ou tout autre moyen, faire connaître aux personnes intéressées, les écoles qui sont reconnues efficaces dans le district scolaire.

Obtention par l'industriel du certificat d'assiduité à l'école.

24. L'occupant de la manufacture ou de l'atelier dans lequel l'enfant est employé devra, le lundi de chaque semaine (après la première semaine d'emploi de l'enfant) ou tout autre jour désigné à cet effet par un inspecteur, se faire délivrer par le maître un certificat de présence de l'enfant à l'école, dans les formes prescrites par cet Acte.

L'emploi de l'enfant sans obtention du certificat requis par cette section, sera regardé comme contraire aux prescriptions du présent Acte.

L'occupant devra conserver ledit certificat pendant deux mois, après la date de sa délivrance, si l'enfant continue à être employé tout ce temps chez lui, et il sera obligé de le produire à la réquisition d'un inspecteur.

Paiement par le fabricant des frais d'écolage dont on déduira le montant du salaire.

25. L'autorité scolaire ou le directeur de l'école reconnue efficace que fréquente l'enfant employé dans une manufacture ou un atelier, ou toute personne autre déléguée à cet effet, invite l'occupant d'une manufacture ou atelier à payer la somme hebdomadaire spécifiée, laquelle ne doit pas excéder trente centimes ou le douzième des gages de l'enfant. L'occupant, tant que l'enfant fréquentera l'école, sera obligé de payer cette somme hebdomadaire, qui sera recouvrable comme une dette ; il peut la déduire des gages de l'enfant.

Emploi comme adulte d'un enfant de 13 ans sur l'obtention d'un certificat d'instruction.

26. Quand un enfant de treize ans a obtenu d'une personne autorisée par le département d'éducation l'attestation qu'il est arrivé à un degré suffisant d'instruction dans la lecture, l'écriture et l'arithmétique, ou qu'il a antérieurement suivi d'une manière profitable les cours d'une école reconnue efficace, ainsi qu'il est dit ci-après, cet enfant sera considéré comme un adulte pour les besoins de cet Acte.

Le degré d'instruction et la durée de fréquentation requis par cette section seront, de temps à autre, pour les besoins de cet Acte, fixés par le Secrétaire d'État avec le consentement du département de l'éducation et publiés dans la *London Gazette*, et ne pourront avoir effet, avant l'expiration des six mois qui suivront la publication.

La fréquentation d'une école professionnelle de jour reconnue sera considérée, pour les besoins de cette section, au même titre que la fréquentation d'une école reconnue efficace.

(6) *Certificats d'aptitude aux emplois.*

Certificats d'aptitude pour l'emploi dans les manufactures des enfants et adultes au-dessous de 16 ans.

27. Dans une manufacture un enfant ou un adulte au-dessous de 16 ans ne pourront être employés pendant plus de sept jours de travail ou pendant plus de treize, si le médecin du district réside à plus de trois milles de la manufacture, à moins que l'occupant n'ait obtenu, dans la forme prescrite, un certificat d'aptitude de l'enfant ou de l'adulte pour un emploi dans cette manufacture.

Un certificat d'aptitude pour le travail sera délivré par le médecin du district, qui se fera produire l'acte de naissance ou autre preuve évidente indiquant que la personne examinée a l'âge spécifié. Le médecin en fera mention dans le certificat et déclarera que l'enfant a été examiné et qu'il n'est atteint d'aucune maladie ou infirmité susceptibles de l'empêcher de travailler, pendant le temps qu'il doit être employé dans la manufacture désignée.

Certificat d'aptitude pour l'emploi des enfants et des adultes au-dessous de 16 ans dans les ateliers.

28. Dans le but de permettre aux occupants d'ateliers de mieux observer les prescriptions du présent Acte et de prévenir l'emploi dans leurs ateliers, d'enfants et d'adultes ayant moins de seize ans qui sont incapables de remplir cet emploi, un occupant est autorisé à réclamer, s'il le juge convenable, du médecin du district le certificat d'aptitude de l'enfant ou de l'adulte âgé de moins de seize ans, de la même manière que si l'atelier était une manufacture. En ce cas, le médecin accrédité devra examiner l'enfant ou l'adulte et délivrer un certificat conforme.

Pouvoir de l'inspecteur de réclamer le certificat médical d'aptitude de l'enfant ou de l'adulte au-dessous de 16 ans.

29. Quand un inspecteur est d'avis qu'un enfant ou un adulte âgé de moins de seize ans est incapable, par maladie ou infirmité, d'un travail quotidien pendant le temps légal de son emploi dans la manufacture, il doit en prévenir l'occupant, par écrit, en lui enjoignant de cesser d'occuper l'enfant ou l'adulte. L'occupant se conformera à l'injonction un jour au moins et sept jours au plus après l'avoir reçue. Il ne pourra ensuite occuper cet enfant ou cet adulte (malgré le certificat d'aptitude délivré antérieurement), à moins que le médecin, après examen, ne déclare que l'enfant ou le mineur n'est pas aussi incapable qu'il est dit sur l'avis de l'inspecteur.

Mesures supplémentaires relativement aux certificats d'aptitude aux emplois.

30. Tous ateliers et manufactures dépendant du même occupant et situés dans le district du même médecin soit quelques-uns d'entre eux, peuvent être désignés sur le certificat d'aptitude pour le travail, si le médecin croit pouvoir en toute sincérité délivrer ledit certificat pour y être employé.

Le certificat de naissance (qui sera produit au médecin) sera, soit une copie attestée de l'inscription sur le registre des naissances, tenu suivant les lois relatives à ce sujet (copie qu'on obtiendra selon la loi de 1876 sur l'instruction élémentaire ou autrement), soit un certificat de l'autorité locale conforme à la loi indiquée ci-dessus, d'après lequel il résultera que, suivant la déclaration de l'enregistreur des naissances et décès, l'enfant est bien né à la date portée sur le certificat.

39 et 40 Vict. c. 79.

Quand un certificat d'aptitude porte que le médecin s'est rendu compte de l'âge de l'enfant ou de l'adulte, par un autre moyen que la production de l'acte de naissance, un inspecteur peut, par avis écrit, annuler le certificat médical, s'il a un motif plausible de croire que l'âge réel de l'enfant ou du mineur désigné est moindre que celui porté sur le certificat. Dès lors le certificat ne sera d'aucune valeur pour les besoins du présent Acte.

Quand un enfant devient adulte, le renouvellement de son certificat d'aptitude doit être exigé.

L'occupant devra, quand il en sera requis, produire à l'inspecteur le certificat d'aptitude de l'enfant qu'il emploie.

(7) *Accidents.*

Avis des accidents déterminant la mort uo des blessures.

31. Quand il se produit des accidents dans une manufacture ou un atelier,

(*a*) soit qu'ils occasionnent la mort d'un employé;

(*b*) ou qu'ils occasionnent des blessures à un employé et cela, par la faute d'une machine mue par la vapeur, l'eau ou autre force mécanique, ou d'une cuve, bassine, ou autre engin rempli de liquide brûlant, de métal en fusion ou autre substance, ou par une explosion, ou par une fuite de gaz, de vapeur, de métal, etc., qui peuvent empêcher l'ouvrier de reprendre son travail dans les 48 heures qui suivent l'accident;

un avis écrit de l'accident doit être envoyé sur-le-champ à l'inspecteur et au médecin du district, avis indiquant la résidence de l'employé tué ou blessé ou l'endroit où il a été transporté. Si cet avis n'est pas envoyé par l'occupant, celui-ci sera passible d'une amende qui n'excédera pas cinq livres sterling (125 francs).

Si un accident arrive à un employé de forges, de hauts-fourneaux ou autre manufacture ou atelier, dont l'occupant n'est pas le patron réel de l'ouvrier tué ou blessé, le patron réel doit envoyer immédiatement avis de l'accident à l'occupant, à défaut de quoi il sera passible d'une amende qui n'excédera pas cinq livres.

Un avis d'accident, — lequel est requis par la section 63 de l'Acte de 1875 sur les explosions, — est envoyé à un inspecteur du gouvernement. Il n'est pas besoin de l'envoyer au médecin accrédité. *38 et 39 Vict. c. 17.*

32. Quand un médecin accrédité reçoit, conformément au présent Acte, avis d'un accident dans une manufacture ou un atelier, il doit se transporter le plus tôt possible à cette manufacture ou cet atelier, s'y livrer à une enquête approfondie sur la nature et les causes qui ont provoqué la mort ou la blessure, et envoyer son rapport à l'inspecteur dans les vingt-quatre heures qui suivent. *Enquête et rapport sur les accidents par le médecin accrédité.*

Le médecin accrédité aura, dans ce cas et pour les besoins de l'enquête, les mêmes pouvoirs qu'un inspecteur. Il pourra notamment entrer dans n'importe quelle chambre où l'employé tué ou blessé aura été transporté.

Ledit médecin recevra pour son enquête des honoraires qui n'excéderont pas dix schellings (12 francs), mais qui ne seront pas moindres que trois schellings (3 fr. 60 c.) selon l'appréciation du Secrétaire d'État. Ces honoraires seront payés sur les dépenses du Secrétaire d'État, encourues dans l'exécution du présent Acte.

DEUXIÈME PARTIE.

Dispositions particulières applicables a des Catégories spéciales de Manufactures et Ateliers.

(1) *Dispositions particulières relatives à l'Hygiène dans certaines Manufactures et certains Ateliers.*

33. Dans le but d'assurer l'exécution du présent Acte concernant la propreté des ateliers ou manufactures, tous les murs intérieurs et tous les plafonds ou toits (que ces murs, plafonds ou toits soient plâtrés ou non), ainsi que les couloirs et escaliers, s'ils n'ont pas été peints à l'huile ou vernis au moins une fois tous les sept ans, seront blanchis à la chaux une fois au moins tous les quatorze mois, et s'ils ont été peints à l'huile ou vernis, *Blanchiment à la chaux et nettoyage de l'intérieur des manufactures et ateliers* ils seront lavés à l'eau chaude avec du savon une fois au moins tous les quatorze mois.

La manufacture ou l'atelier qui contreviendront aux prescriptions de cet article, seront considérés comme n'étant pas tenus en conformité du présent Acte.

Quand il semble au Secrétaire d'État que dans une catégorie quelconque de manufactures ou d'ateliers, les règlements concernant le nettoyage ne peuvent être appliqués conformément à l'esprit de la loi ou ne sont pas applicables, par suite de circonstances particulières, il aura le droit, s'il le juge convenable, par une ordonnance rendue conformément à cet article, d'accorder une exception spéciale auxdits règlements.

Blanchiment à la chaux, peinture et nettoyage de l'intérieur des boulangeries.

34. Quand une boulangerie est située dans une cité, ville ou lieu quelconque contenant, d'après le dernier recensement publié, une population de plus de cinq mille âmes, tous les murs intérieurs, tous les plafonds ou voûtes (qu'ils soient plâtrés ou non), ainsi que tous les couloirs et escaliers de ladite boulangerie seront entièrement ou partiellement peints à l'huile, ou vernis, ou blanchis à la chaux. Si l'on emploie la peinture à l'huile ou le vernis, il en faudra trois couches que l'on renouvellera au moins une fois tous les sept ans et que l'on nettoiera avec de l'eau chaude et du savon au moins tous les six mois ; quand on emploiera le blanchiment à la chaux, on le renouvellera au moins une fois tous les six mois.

Une boulangerie qui contreviendra aux prescriptions de cette section, sera considérée comme n'étant pas tenue en conformité du présent Acte.

Mesures relatives aux dortoirs situés près des fournils.

35. Quand une boulangerie est située dans une cité, ville ou lieu contenant, selon le dernier recensement, une population de plus de cinq mille âmes, tout local de plain-pied avec le fournil et faisant partie de la même construction ne pourra être utilisé comme dortoir, à moins qu'il soit établi dans les conditions suivantes :

S'il est efficacement séparé du fournil par une cloison allant du plancher au plafond ;

S'il possède un vitrage extérieur d'au moins neuf pieds carrés en superficie, ce vitrage ayant une ouverture mobile d'au moins quatre pieds et demi pour la ventilation.

Toute personne qui louera, occupera ou laissera occuper en connaissance de cause un local en contravention des prescriptions de cette section, sera passible d'une amende n'excédant pas vingt schellings (24 fr.) pour la première infraction et cinq livres sterlings (125 fr.) pour les infractions suivantes.

36. Si dans une manufacture ou un atelier, on aiguise, vernit, ou polit à la meule, ou l'on y fait une industrie qui engendre de la poussière malsaine pour les ouvriers, et s'il semble à un inspecteur qu'une telle inhalation peut être combattue jusqu'à un certain point par l'usage d'un ventilateur à ailes ou autre moyen mécanique, cet inspecteur ordonnera que l'établissement du ventilateur ait lieu dans un temps raisonnable, et si ce ventilateur n'est pas fourni, entretenu et employé, la manufacture ou l'atelier sera considéré comme ne se conformant pas au présent Acte.

Dispositions relatives à la ventilation dans les manufactures et les ateliers.

37. Un enfant, un adulte ou une femme ne peuvent être employés dans aucune partie de la manufacture où se fait la filature humide, à moins que des mesures suffisantes soient prises pour protéger les travailleurs contre l'humidité et, dans le cas d'emploi de l'eau chaude, pour les préserver des fuites de vapeur dans la pièce qu'ils occupent.

Une manufacture qui contreviendra à ces prescriptions sera considérée comme n'étant pas tenue, conformément au présent Acte.

(2) *Restrictions particulières aux Emplois, Repas et Certificats d'aptitude.*

38. Un enfant ou un adulte ne pourront, selon les cas mentionnés dans la première annexe du présent Acte, être employés dans les manufactures, ateliers ou leurs dépendances désignés dans ladite annexe.

Défense d'employer des enfants et des adultes dans certaines manufactures et ateliers.

Avis de l'interdiction sera affiché dans la manufacture ou l'atelier auxquels cette interdiction s'applique.

39. Un enfant, un adulte ou une femme ne pourront prendre leurs repas ou séjourner pendant le temps accordé pour les repas, dans certains locaux de la manufacture ou de l'atelier auxquels la présente section s'applique. Un enfant, un adulte ou une femme qui contreviendront à cette règle seront considérés comme étant employés contrairement aux prescriptions du présent Acte.

Défense de prendre les repas dans certaines parties de la manufacture et de l'atelier.

Avis de l'interdiction sera affiché dans la manufacture ou l'atelier auxquels elle s'applique.

Cette section s'applique aux dépendances des manufactures et ateliers désignés dans la seconde annexe du présent Acte.

Quand il semble au Secrétaire d'État que, par suite de la nature de la fabrication, dans une catégorie quelconque de manufactures, d'ateliers ou de leurs dépendances, on ne peut prendre les repas sans qu'il en résulte des inconvénients pour la santé, il peut, s'il le juge convenable, rendre une ordonnance conforme au présent Acte, par laquelle l'interdiction contenue dans cette section est étendue à ces manufactures ou ateliers ou dépendances.

Si le Secrétaire d'État reconnaît qu'il n'est pas nécessaire à la santé des enfants, adultes et femmes, de prolonger l'interdiction qu'il a ordonnée, il peut, par une nouvelle ordonnance conforme au présent Acte, retirer la première, sans pour cela qu'il ne puisse à l'avenir la remettre en vigueur, si besoin est.

Période d'emploi et temps accordé pour les repas dans les travaux d'impression, de blanchiment et de teinture.

40. Dans les ateliers d'impression sur étoffes, de blanchiment et de teinture, la période d'emploi pour un enfant, un adulte et une femme, ainsi que le temps accordé pour les repas seront les mêmes que dans une manufacture textile, et les dispositions du présent Acte au sujet de l'emploi des enfants, des adultes et des femmes leur seront appliquées comme si ces ateliers étaient des manufactures textiles, sauf que rien n'empêchera l'emploi continu de l'enfant, de l'adulte ou de la femme, sans un intervalle d'une demi-heure pour le repas, pendant la période accordée par le présent Acte dans des manufactures non textiles.

Pouvoir de réclamer les certificats d'aptitude pour l'emploi des enfants et des adultes au-dessous de 16 ans dans certains ateliers.

41. Quand il semble au Secrétaire d'État que, par suite de circonstances spéciales afférentes à certaines catégories d'ateliers, il est nécessaire à la santé des enfants et des adultes au-dessous de seize ans qui y sont employés, d'étendre à ces ateliers l'interdiction mentionnée dans la présente section, il peut, par une ordonnance en conformité de cette partie de la loi, interdire dans lesdits ateliers l'emploi des enfants et des adultes au-dessous de seize ans sans un certificat d'aptitude aux emplois, et dès lors les dispositions du présent Acte touchant les certificats d'aptitude seront appliquées aux catégories d'ateliers désignées dans l'ordonnance de la même manière que pour les manufactures.

S'il est démontré au Secrétaire d'État qu'il n'est pas nécessaire à la santé des enfants et des adultes au-dessous de seize ans, de prolonger l'interdiction qu'il a ordonnée dans une catégorie quelconque d'ateliers, il peut, par une nouvelle ordonnance conforme à cette section, annuler l'ancienne, sans préjudice des autres mesures qu'il jugera à propos de prendre ultérieurement.

(3) *Exceptions spéciales adoucissant la loi générale dans certaines Manufactures et certains Ateliers.*

(a) *Période d'emploi.*

42. Dans les manufactures et ateliers ou leurs dépendances auxquels cette exception s'applique, la période d'emploi pour adultes et femmes, si elle est fixée par l'occupant et spécifiée dans l'avis, peut, sauf le samedi, commencer à huit heures du matin et finir à huit heures du soir, et, le samedi, commencer à huit heures du matin, pour finir à quatre heures de l'après-midi, ou commencer le même jour à sept heures du matin pour finir à trois heures de l'après-midi. La période d'emploi pour l'enfant peut commencer à la même heure le matin et finir à la même heure le soir, soit que l'enfant travaille dans la brigade du matin ou dans celle de l'après-midi.

Période d'emploi entre 8 heures du matin et 8 heures du soir dans certains cas.

Cette exception s'applique aux manufactures et ateliers et à leurs dépendances spécifiés dans la première partie de la troisième annexe du présent Acte.

Quand il est démontré au Secrétaire d'État que les habitudes et les exigences du métier, dans une catégorie quelconque de manufactures non textiles, d'ateliers ou de leurs dépendances, que ces exigences soient générales ou locales, requièrent l'extension de l'exception, il peut étendre l'exception à ces manufactures et ateliers, s'il est reconnu qu'elle ne sera pas préjudiciable à la santé des enfants, des adultes et des femmes ; il rendra alors une ordonnance accordant ladite exception, conformément à l'esprit du présent Acte.

43. Quand il est démontré au Secrétaire d'État que les coutumes ou nécessités du métier dans les manufactures non textiles, les ateliers ou leurs dépendances, soit d'une manière générale, soit pour causes locales, exigent l'exception spéciale mentionnée dans cette section, sans qu'il puisse en résulter un préjudice pour la santé des enfants, des adultes et des femmes, le Secrétaire d'État peut, par une ordonnance conçue selon le présent Acte, permettre que la période d'emploi des adultes et des femmes (si elle est ainsi fixée par l'occupant et spécifiée sur l'avis) commence, sauf le samedi, à neuf heures du matin et finisse à neuf heures du soir, et que la période d'emploi de l'enfant commence à neuf heures du matin pour la brigade du matin, et finisse à huit heures du soir pour la brigade de l'après-midi.

Pouvoir du Secrétaire d'Etat d'accorder la période d'emploi entre 9 heures du matin et 9 heures du soir dans certains cas.

Pouvoir d'employer les adultes au-dessus de 16 ans dans les manufactures de dentelles.

44. Les prescriptions du présent Acte, touchant l'emploi des adultes dans les manufactures textiles, n'empêcheront pas dans la partie d'une manufacture textile où l'on fabrique de la dentelle à l'aide de la vapeur, de l'eau, ou de toute autre force mécanique, l'emploi d'un adulte du sexe masculin au-dessus de seize ans, entre quatre heures du matin et dix heures du soir, s'il est employé d'après les conditions suivantes, savoir :

(*a*) Quand un adulte est employé un jour quelconque avant le commencement ou après la fin de la période ordinaire de travail dans la manufacture, on ne lui accordera pas moins de neuf heures pour repas et absence du travail, entre les quatre heures du matin et les dix heures du soir mentionnées plus haut.

(*b*) Quand un adulte est occupé un jour quelconque avant la période habituelle d'emploi dans une manufacture, il ne peut l'être le même jour après ladite période.

(*c*) Quand un adulte est occupé un jour quelconque après la fin de la période habituelle d'emploi, il ne peut être employé le lendemain matin avant le commencement de la période ordinaire d'emploi.

Pour les besoins de cette exception, la période ordinaire d'emploi dans la manufacture, signifie période d'emploi des adultes au-dessous de seize ans ou des femmes dans la manufacture, ou, si aucun d'eux n'est employé, signifie telle période qu'il peut être fixé d'après cet Acte pour leur emploi ; en ce cas, l'avis déterminant cette période sera affiché dans la manufacture.

Pouvoir de faire travailler les adultes du sexe masculin au-dessus de 16 ans dans les boulangeries.

45. Les prescriptions du présent Acte, touchant le travail des adultes dans les manufactures non textiles ou les ateliers, n'empêchent pas l'emploi dans la partie d'une boulangerie, où l'on procède à la manutention et à la cuisson du pain, de tout adulte au-dessus de seize ans entre cinq heures du matin et neuf heures du soir, pourvu que son travail soit réglé de la façon suivante :

(*a*) Quand cet adulte sera employé un jour quelconque avant le commencement ou après la fin de la période ordinaire d'emploi, dans une boulangerie, on lui accordera au moins sept heures pour repas et absence du travail entre cinq heures du matin et neuf heures du soir.

(*b*) Quand cet adulte est employé un jour quelconque avant le commencement de la période habituelle d'emploi dans la boulangerie, il ne sera pas employé le même jour après la fin de cette période.

(*c*) Quand cet adulte est employé un jour quelconque après la fin de la période habituelle d'emploi dans une boulangerie, il ne le sera pas le lendemain avant le commencement de cette période.

Pour répondre au but de cette exception, la période habituelle d'emploi dans les boulangeries signifie la période d'emploi des adultes au-dessous de l'âge de seize ans ou des femmes dans la boulangerie, ou si aucun d'eux n'y est employé, la période qui peut être fixée d'après le présent Acte ; et avis de cette période sera affiché dans la boulangerie.

Quand il est démontré au Secrétaire d'État que les nécessités du travail dans les boulangeries, soit d'une manière générale, soit dans des cas particuliers, exigent le bénéfice de l'exception mentionnée dans la présente section, et que cette exception ne peut être nuisible à la santé des adultes du sexe masculin, il peut, par une ordonnance conforme à cet Acte, accorder auxdites boulangeries une exemption spéciale autorisant l'emploi de ces adultes de seize ans et au-dessus.

Substitution par le Secrétaire d'Etat d'une autre demi-journée de congé à celle du samedi.

46. Quand il est démontré au Secrétaire d'État que les nécessités ou coutumes du travail dans une catégorie quelconque de manufactures non-textiles ou d'ateliers, soit d'une manière générale, soit pour des causes locales, exigent qu'on accorde une demi-journée de congé autre que celle du samedi pour les enfants. adultes et femmes, il peut, par une ordonnance conforme au présent Acte, accorder à cette catégorie de manufactures ou d'ateliers une exception spéciale, autorisant l'occupant à substituer, par un avis affiché dans la manufacture ou l'atelier, quelque autre jour au samedi. En ce cas, les prescriptions du présent Acte seront appliquées comme si ce jour de congé était un samedi et, réciproquement, comme si le samedi était un jour de travail ordinaire.

Emploi jusqu'à 4 h. 30 m. du soir, le samedi, dans les ouvrages de teinture en rouge de Turquie.

47. Dans les ouvrages de teinture en rouge de Turquie, rien dans la première partie du présent Acte n'empêche l'emploi des adultes et des femmes le samedi, jusqu'à quatre heures et demie de l'après-midi, mais ce nombre supplémentaire d'heures sera compté comme faisant partie du travail de la semaine, dont la durée ne doit, en aucun cas, être dépassée.

Emploi continu des enfants, des adultes et des femmes dans certains cas.

48. Dans une manufacture textile quelconque à laquelle s'applique la présente exception, si la période d'emploi des adultes et des femmes, comme il est fixé par l'occupant et spécifié dans l'avis, commence à sept heures du matin et si tout le temps compris entre cette heure et huit heures est accordé pour les repas, les prescriptions du présent Acte au sujet de l'emploi des enfants, des mineurs et des femmes, n'empêchent pas l'enfant, le mineur ou la femme d'être employés d'une manière continue, du 1er novembre au 31 mars suivant, sans un intervalle d'au moins une demi-heure pour le repas, comme si la manufacture était non textile.

Cette exception s'applique aux manufactures textiles spécifiées dans la septième partie de la troisième annexe du présent Acte.

Quand il est démontré au Secrétaire d'État que, dans une catégorie quelconque de manufactures textiles, soit d'une manière générale, soit pour des particularités locales, les habitudes des ouvriers requièrent l'extension de l'exception, il peut, s'il reconnaît que la fabrication des produits n'est pas nuisible à la santé des enfants, mineurs et femmes, et que l'extension peut être accordée sans qu'il en résulte des inconvénients hygiéniques, par une ordonnance conforme au présent Acte, étendre l'exception en conséquence.

Demi-journées et journées de congé accordées aux différentes catégories d'enfants, d'adultes et de femmes.

49. Quand il est démontré au Secrétaire d'État que les coutumes ou nécessités du travail dans une catégorie quelconque de manufactures non textiles ou d'ateliers, soit d'une manière générale ou pour des causes locales, exigent l'exception spéciale mentionnée ci-après dans cette section, il peut, par une ordonnance conforme au présent Acte, accorder à cette catégorie de manufactures ou d'ateliers une exception spéciale autorisant l'occupant à donner des jours de congé ou de demi-congé autres que les jours indiqués, aux enfants, adultes et femmes, employés par lui.

Emploi des adultes et des femmes par des occupants israélites de manufactures et ateliers.

50. Quand l'occupant d'une manufacture ou d'un atelier appartient à la religion juive, les prescriptions du présent Acte, touchant l'emploi des adultes et des femmes, ne lui seront pas applicables :

(1) S'il tient ses ateliers fermés le samedi jusqu'au coucher du soleil, pour employer ensuite les adultes et les femmes à partir de ce moment jusqu'à neuf heures du soir ;

(2) S'il tient ses ateliers fermés le samedi, avant et après le coucher du soleil, il pourra employer les adultes et les femmes tout autre jour de la semaine (sauf le dimanche)

pendant une heure supplémentaire qui viendra s'ajouter aux heures accordées par le présent Acte. Dès lors, cette heure sera prise au commencement ou à la fin de la période d'emploi, mais non avant six heures du matin ni après neuf heures du soir ;

(3) Si tous les enfants, adultes et femmes de la manufacture ou de l'atelier appartiennent à la religion juive, ils auront droit, si cela est spécifié dans un avis affiché dans la fabrique selon le présent Acte, à deux jours quelconques de congé, d'après la loi de 1875 sur les fêtes, en remplacement du jour de Noël et du Vendredi-Saint. En ce cas, la manufacture ou l'atelier ne pourront être ouverts au trafic ni le jour de Noël ni le Vendredi-Saint.

38 et 39 Vict. c. 13.

Emploi des israélites par des israélites le dimanche.

51. Aucune pénalité ne sera encourue, au sujet du travail, le dimanche, dans une manufacture ou un atelier par un adulte ou une femme appartenant à la religion juive, conformément aux règles suivantes :

(1) L'occupant de la manufacture ou de l'atelier appartiendra à la religion juive ;

(2) La manufacture ou l'atelier sera fermé le samedi et ne pourra être ouvert le dimanche pour le trafic ;

(3) L'occupant ne se prévaudra pas de l'exception autorisant l'emploi de jeunes ouvriers et femmes le samedi soir, ou pour une heure supplémentaire à tout autre jour de la semaine.

Quand l'occupant profitera de cette exception, le présent Acte sera applicable, dans la manufacture ou le magasin, de la même manière que si, dans les prescriptions de l'Acte touchant le dimanche, le mot samedi était substitué à celui de dimanche et réciproquement, ou, suivant que l'occupant l'a spécifié dans l'avis, comme si le mot vendredi était substitué à samedi.

(b) *Heures des repas.*

Exception relative aux heures des repas simultanés et à l'emploi ou au séjour dans les ateliers de fabrication durant les heures de repas

52. Les prescriptions du présent Acte qui exigent que tous les enfants, adultes et femmes employés dans une manufacture ou un atelier, prennent leurs repas en même temps, ne s'appliquent pas aux cas mentionnés dans la seconde partie de la troisième annexe de cet Acte.

Les prescriptions du présent Acte qui exigent qu'un enfant, un adulte et une femme ne soient pas employés durant les heures de repas ni autorisés à rester dans la pièce où se fabriquent les produits pendant lesdits repas, ne s'appliquent pas dans les cas mentionnés à la deuxième partie de la troisième annexe.

Quand il est démontré au Secrétaire d'État que dans une catégorie quelconque de manufactures ou d'ateliers, il est nécessaire, à cause de l'impossibilité d'interrompre les manipulations ou par suite de circonstances spéciales, de leur étendre les bénéfices des exceptions contenues dans cette section, et que cette extension ne peut être nuisible à la santé des enfants, des adultes et des femmes employés, le Secrétaire d'État peut, par une ordonnance conforme au présent Acte, accorder ladite extension.

(c) *Heures supplémentaires.*

Pouvoir d'employer les adultes et les femmes pendant 14 heures par jour.

53. Les prescriptions de cet Acte, touchant l'emploi des adultes et des femmes, n'empêchent pas l'emploi, dans les manufactures et ateliers auxquels la présente exception s'applique, des adultes et des femmes de six heures du matin à huit heures du soir, ou de huit heures du matin à dix heures du soir, pourvu que le travail soit réglé de la façon suivante :

(1) Il ne sera pas accordé aux adultes et aux femmes pour les repas moins de deux heures dont une demi-heure après cinq heures du soir;

(2) Aucun adulte ou aucune femme ne pourra être employé au total plus de cinq jours par semaine ni plus de quarante-huit jours durant l'année, dans les conditions exceptionnelles ci-dessus.

Cette exception s'applique aux manufactures et ateliers et à leurs dépendances spécifiées dans la troisième partie de la troisième annexe du présent Acte.

Quand il est démontré au Secrétaire d'État que dans une classe quelconque de manufactures non textiles ou d'ateliers, il est nécessaire, pour empêcher la détérioration des substances servant à la fabrication, ou par suite de presse de l'ouvrage à certaines saisons de l'année, ou à cause de la recrudescence de travail provenant de commandes imprévues, — d'employer des adultes et des femmes de la façon autorisée par cette exception, et que cet emploi n'est pas nuisible à la santé des adultes et des femmes employés, le Secrétaire d'État peut, par une ordonnance conforme à cet Acte étendre l'exception auxdits ateliers ou manufactures.

54. Si dans une manufacture ou un atelier auxquels cette exception s'applique, l'opération que font l'enfant, l'adulte ou la femme est restée dans un état incomplet à la fin de la journée, les prescriptions du présent Acte n'empêcheront pas qu'ils soient employés supplémentairement, mais pendant une période qui n'excédera pas trente minutes.

Pouvoir d'employer une demi-heure après la fin de la journée quand l'ouvrage n'est pas terminé.

Pourvu que cette période supplémentaire soit ajoutée au nombre total des heures d'emploi dans la semaine, et n'excède pas au total le nombre alloué d'autre part dans le présent Acte.

Quand il est démontré au Secrétaire d'État que, dans une catégorie quelconque de manufactures ou d'ateliers, le temps accordé pour l'achèvement de l'opération ne peut être exactement fixé, et que la présente exception peut être étendue à ces manufactures ou ateliers, sans préjudice pour la santé des enfants, adultes et femmes employés, le Secrétaire d'État peut, par une ordonnance conforme au présent Acte, accorder ladite exception.

55. Rien dans le présent Acte n'empêche l'emploi des adultes et des femmes, autant qu'il est nécessaire pour prévenir le dommage qui résulterait d'une combustion spontanée dans le cours de la teinture en rouge de Turquie, ou d'une influence atmosphérique extraordinaire sur l'opération du blanchissage en plein air.

Emploi des adultes, etc., dans la teinture en rouge de Turquie et le blanchissage en plein air.

56. Les prescriptions du présent Acte touchant l'emploi des adultes et des femmes n'empêchent pas l'emploi des femmes dans les manufactures et ateliers auxquels cette exception s'applique, durant une période commençant à six ou à sept heures du matin et finissant à huit ou à neuf heures du soir, si elles sont employées conformément aux règles suivantes :

Emploi des femmes pendant 14 heures par jour pour prévenir la détérioration d'articles.

(1) Il ne sera pas accordé à ces femmes pendant la période d'emploi moins de deux heures pour les repas, dont une demi-heure après cinq heures du soir;

(2) Aucune de ces femmes ne sera employée au total plus de cinq jours par semaine, ni plus de quatre-vingt-seize jours par an, dans les conditions exceptionnelles ci-dessus.

Cette exception s'applique aux manufactures et ateliers désignés dans la cinquième partie de la troisième annexe du présent Acte.

Quand il est démontré au Secrétaire d'État que, dans une catégorie quelconque de manufactures non textiles ou d'ateliers, il est nécessaire, à cause de la détérioration possible des articles ou des matériaux, d'employer les femmes de la façon autorisée par cette exception, sans qu'il en résulte des inconvénients pour la santé de ces femmes, le Secrétaire d'État pourra par une ordonnance conforme au présent Acte étendre cette exception auxdits ateliers ou manufactures.

Exception relative aux manufactures se servant de l'eau comme force motrice.

57. Quand il semble au Secrétaire d'État que les manufactures utilisant l'eau comme force motrice sont susceptibles d'être arrêtées par la sécheresse ou l'inondation, il peut, par une ordonnance conforme au présent Acte, accorder à ces manufactures une exception spéciale permettant l'emploi des adultes et des femmes durant une période de six heures du matin à sept heures du soir, selon telles conditions qu'il jugera convenables, mais aussi de façon à ce que personne ne soit privé des heures de repas prescrits par cet Acte, ni employé le samedi, et que, en ce qui concerne les manufactures susceptibles d'être arrêtées par la sécheresse, l'exception spéciale ne s'étende pas à plus de quatre-vingt-seize jours dans une période de travail de douze mois, et qu'en ce qui concerne les manufactures susceptibles d'être arrêtées par l'inondation, cette exception spéciale ne s'étende pas à plus de quarante-huit jours dans une période de douze mois. Ce temps supplémentaire ne s'étendra, dans aucun cas, au delà du temps déjà perdu durant les douze mois antérieurs.

(d) *Travail de nuit.*

Emploi des adultes mâles pendant la nuit.

58. Rien dans le présent Acte n'empêche l'emploi dans les manufactures et ateliers auxquels cette exception s'applique, des adultes du sexe masculin durant la nuit, s'ils sont employés conformément aux règles suivantes :

(1) La période d'emploi n'excédera pas douze heures consécutives; elle commencera et finira aux heures indiquées dans l'avis dont cet Acte fait mention.

(2) Les prescriptions du présent Acte touchant le temps accordé pour les repas aux adultes durant la période d'emploi seront observées avec les modifications nécessitées par l'heure à laquelle les repas sont fixés.

(3) Un adulte du sexe masculin employé pendant une partie quelconque de la nuit ne sera pas occupé durant une fraction quelconque des douze heures qui précéderont ou suivront la période d'emploi.

(4) Un adulte du sexe masculin ne pourra être employé plus

de six nuits toutes les deux semaines ou plus de sept nuits dans les hauts fourneaux et les papeteries.

Les dispositions du présent Acte touchant la période d'emploi le samedi et les huit demi-journées de congé ou les journées entières accordées à leur place chaque année, ne s'appliquent pas à l'adulte du sexe masculin employé le jour et la nuit à tour de rôle suivant l'exception actuelle.

Cette exception s'applique aux manufactures et ateliers désignés dans la sixième partie de la troisième annexe du présent Acte.

Quand il est démontré au Secrétaire d'État que, dans une catégorie quelconque de manufactures non textiles ou d'ateliers, il est nécessaire, par suite de la nature de la fabrication qui exige de passer la nuit entière, d'employer les adultes du sexe masculin âgés de seize ans ou au-dessus pendant la nuit, sans que cet emploi soit nuisible à la santé des jeunes gens, il peut, par une ordonnance conforme au présent Acte, accorder ladite exemption dans toute son extension en ce qui concerne les adultes de seize ans et au-dessus.

Emploi dans certains ateliers typographiques des adultes du sexe masculin âgés de 16 ans, pendant la nuit.

59. Dans les manufactures ou ateliers où l'on imprime les journaux, lorsqu'on ne fait pas travailler plus de deux nuits par semaine, rien dans le présent Acte n'empêche l'emploi pendant la nuit de l'adulte du sexe masculin de seize ans et au-dessus comme s'il n'était plus un adulte.

Emploi de l'adulte du sexe masculin dans les verreries.

60. Dans les verreries, aucune prescription du présent Acte n'empêche l'adulte du sexe masculin de travailler aux heures accoutumées de l'établissement, pourvu qu'il soit soumis aux règles suivantes :

(1) Le nombre total des heures de travail ne peut excéder soixante par semaine.

(2) Les périodes d'emploi pour ces adultes n'excéderont pas quatorze heures en quatre tours séparés par semaine, ou douze heures en cinq tours séparés, ou dix heures en six tours séparés, ou un nombre quelconque d'heures suivant le nombre accoutumé des tours séparés par semaine, le nombre de ces tours n'excédant pas neuf.

(3) L'adulte ne travaillera dans aucun tour sans un intervalle d'au moins un tour plein,

(4) Il lui sera accordé durant chaque tour (autant que cela sera praticable) le même temps pour les repas, comme il est requis par cet Acte à l'égard d'une manufacture non textile ou d'un atelier.

(4) *Exception spéciale relative aux ateliers ou manufactures domestiques et à certains autres.*

Exception relative aux travaux d'intérieur et à certains autres ateliers ou manufactures désignés dans le présent Acte.

61. Les prescriptions de cet Acte relatives à :

(1) La propreté (y compris le blanchiment à la chaux, la peinture, le vernissage et le lavage) ou au dégagement des miasmes, ou à l'agglomération excessive d'ouvriers, ou à la ventilation;

(2) Aux enfants, adultes et femmes employés dans l'atelier ou la manufacture prenant leurs repas à la même heure du jour, ou travaillant ou restant à l'atelier pendant ces repas;

(3) A l'affichage de tout avis ou extrait dans une manufacture ou un atelier, ou spécifiant quoi que ce soit dans l'avis ainsi affiché ;

(4) Aux congés accordés aux enfants, adultes et femmes;

(5) A l'envoi des avis d'accidents,

ne seront pas applicables ;

(*a*) Quand les personnes sont employées à la maison, c'est-à-dire dans une habitation privée, une chambre ou un lieu quelconque habité, que leur travail ne peut être classé dans celui qui est attribué par le présent Acte aux manufactures et ateliers, et qu'on n'y utilise ni l'eau, ni la vapeur, ni aucun autre moyen mécanique comme force motrice, et lorsque les personnes employées sont tous membres de la famille habitant la maison;

(*b*) A un atelier dirigé d'après le système de travail sans enfants ou adultes, et dont l'occupant a prévenu un inspecteur qu'il se dispenserait d'employer ces derniers.

Les prescriptions du présent Acte touchant le certificat d'aptitude à l'emploi seront applicables à toute habitation privée, chambre ou local, ainsi qu'il est dit plus haut, lesquels, par la nature de l'ouvrage qui s'y fait, peuvent être assimilés à des manufactures, mais comme si c'étaient des ateliers selon le présent Acte et non des manufactures.

Quand l'occupant d'un atelier a avisé un inspecteur de son intention de ne pas employer d'enfants ou d'adultes, l'atelier est considéré, pour tous les besoins du présent Acte, comme étant dirigé suivant ledit système, jusqu'à ce que l'occupant change d'avis. Mais aucun changement ne pourra être fait avant que l'occupant n'en ait averti l'inspecteur, et jusque-là l'emploi d'un enfant ou d'un adulte sera considéré comme contraire aux prescriptions du présent Acte. Tout changement dans le système ne pourra être effectué plus d'une fois par trimestre, à moins qu'une cause spéciale ne nécessite une dispense que l'inspecteur accordera par écrit.

Rien dans cette section n'exemptera une boulangerie des prescriptions du présent Acte relatives à la propreté (y compris le blanchiment à la chaux, la peinture, le vernissage et le lavage) ou à l'expulsion des miasmes.

Exception relative à quelques fabriques pour le teillage u lin.

62. Les règlements du présent Acte au sujet de l'emploi des femmes ne seront pas applicables aux fabriques pour le teillage mécanique du lin qui sont dirigées sans l'emploi des enfants ou des adultes, où le travail est intermittent et dont les périodes actives n'excèdent pas six mois de l'année. Une fabrique pour le teillage mécanique du lin ne sera pas considérée comme étant dirigée sans l'emploi d'enfants ou d'adultes tant que l'occupant n'aura pas averti un inspecteur qu'il a l'intention de travailler d'après ce système.

(5) *Additions aux Dispositions spéciales.*

Exigence des précautions sanitaires pour obtenir les exceptions spéciales.

63. Quand il semble à un Secrétaire d'État que l'adoption de quelque moyen spécial pour la salubrité ou la ventilation d'une manufacture ou d'un atelier est nécessaire à la santé des femmes, adultes ou enfants employés, conformément à l'exception indiquée dans cette partie de l'Acte, soit pour une plus longue période qu'il est accordée d'autre part, soit la nuit, le Secrétaire d'État peut, par une ordonnance conforme au présent Acte, décider que l'adoption de tels moyens sera une condition de tel emploi. Et, s'il lui semble que l'adoption de tels moyens n'est pas plus nécessaire ou est considérée comme inutile eu égard à toutes les circonstances, il peut, par une ordonnance, annuler sa première décision, sans préjudice des autres ordonnances ultérieures.

Pouvoir d'annuler une ordonnance accordant ou étendant l'exception.

64. Lorsqu'une exception a été accordée ou étendue, d'après cette partie du présent Acte, par une ordonnance du Secrétaire d'Etat, et qu'il semble à ce Secrétaire d'État que ladite exception est nuisible à la santé des enfants, adultes ou femmes, ou qu'elle n'est pas plus nécessaire aux catégories de manufactures ou d'ateliers auxquels l'exception est accordée ou étendue, il peut, par une ordonnance, annuler l'extension, sans préjudice des ordonnances ultérieures.

Dispositions relatives à l'ordonnance du Secrétaire d'État.

65. Dans tous les cas où un Secrétaire d'État a le pouvoir de rendre une ordonnance conforme au présent Acte, les dispositions suivantes sont applicables à cette ordonnance.

(1) L'ordonnance sera sous la signature du Secrétaire d'Etat, et sera publiée dans la *London Gazette*, elle sera exécutoire du jour de sa publication dans la *London Gazette*, ou à la date mentionnée dans l'ordonnance.

(2) L'ordonnance peut être temporaire ou permanente, conditionnelle ou non conditionnelle, et soit qu'elle concerne une défense, une exception, l'adoption de moyens particuliers, l'annulation d'une ordonnance antérieure ou toute autre chose, elle peut être faite pour une partie seulement ou pour le tout.

(3) L'ordonnance sera déposée aussitôt que possible devant les Chambres, et si l'une d'elles, dans les quarante jours qui suivront le dépôt dans son sein, décide que l'ordonnance doit être annulée, celle-ci ne sera d'aucun effet à partir de la date de cette décision, sans préjudice de la validation de toute mesure prise dans l'intervalle ou d'une nouvelle ordonnance.

(4) L'ordonnance rendue exécutoire sera, si rien dans ses termes ne s'y oppose, applicable de la même façon qu'un acte législatif qui accorderait ou interdirait ce qu'elle accorde ou interdit.

Dispositions relatives au patron bénéficiant d'exceptions spéciales et enregistrement du travail d'après elles.

66. L'occupant d'une manufacture ou d'un atelier devra, sept jours au moins avant de bénéficier d'une exception spéciale, en avertir l'inspecteur et (sauf dans le cas d'une manufacture ou d'un atelier auxquels les dispositions de cet Acte concernant l'affichage des avis ne s'appliquent pas) afficher dans sa manufacture ou son atelier l'avis de son intention de bénéficier de l'exception. Il devra tenir cet avis affiché aussi longtemps qu'il profitera de l'exception.

Avant la notification de l'avis à l'inspecteur, l'exception spéciale ne sera pas considérée comme étant applicable à la manufacture ou à l'atelier et après la notification de l'avis il ne sera pas permis à l'occupant, s'il s'attire des poursuites d'après le présent Acte, de prouver que cet avis ne s'applique pas à sa fabrique.

L'avis ainsi notifié et affiché spécifiera les heures du commencement et de la fin de la période d'emploi ainsi que le temps accordé pour les repas à tout enfant, adulte et femme, quand ces heures différeront des heures habituelles.

L'occupant d'une manufacture ou d'un atelier inscrira sur le registre prescrit et donnera à un inspecteur tous les détails prescrits concernant l'emploi d'un enfant, adulte ou femme selon une exception, mais l'inscription et le rapport à l'inspecteur seront inutiles dans le cas d'une manufacture ou d'un atelier auxquels les prévisions du présent Acte sur l'affichage des avis ne s'appliquent pas, sauf en ce qui sera prescrit de temps à autre par le Secrétaire d'État.

Quand l'occupant d'une manufacture ou d'un magasin bénéficie d'une exception conformément à cette partie du présent Acte et qu'une des conditions attachées au privilége n'est pas observée (qu'elle soit spécifiée dans cette partie de l'Acte ou dans une ordonnance du Secrétaire d'État), alors

(1) Si cette condition est relative à la propreté, à la ventilation ou à l'agglomération de trop d'ouvriers dans une manufacture ou atelier, la manufacture ou l'atelier sera considéré comme n'étant pas tenu d'une manière conforme à cet Acte;

(2) Dans tout autre cas, un enfant, un adulte ou une femme, employé dans la manufacture ou l'atelier sous le prétexte de ladite exception, sera considéré comme étant employé contrairement aux prescriptions du présent Acte.

TROISIÈME PARTIE.

Administration, Pénalité et Procédure légale.

(1) *Inspection.*

Nominations, paiement, etc., des inspecteurs de manufactures, des commis et aides.

67. De temps en temps, un Secrétaire d'État peut, avec l'approbation du Trésor relativement aux effectifs et aux salaires, nommer tels inspecteurs (en fixant de temps à autre leur qualité), clercs et aides qu'il juge nécessaires à l'exécution de cette loi. Il peut leur assigner leurs devoirs et fixer le taux de leurs salaires. Il a le droit d'instituer un inspecteur principal ayant un bureau à Londres, et de régler les cas et la forme dans lesquels les inspecteurs doivent se conformer aux prescriptions du présent Acte. Il peut enfin destituer les inspecteurs, clercs et aides.

Les salaires des inspecteurs, clercs et aides, ainsi que les dépenses faites à leur sujet par le Secrétaire d'État en exécution du présent Acte, seront payés sur les fonds votés par le Parlement.

Avis de la nomination de chaque inspecteur sera publié dans la *London Gazette.*

Toute personne occupant une manufacture ou un atelier, ou qui y est directement ou indirectement intéressée, ou qui y a des produits en cours de fabrication ou qui y est liée par un brevet, ou qui y est employée, ne pourra remplir les fonctions d'inspecteur tel qu'il est entendu par le présent Acte.

Un inspecteur n'est pas apte à remplir un emploi municipal ou paroissial.

Le rapport annuel des procès-verbaux des inspecteurs, suivant ce qu'en décidera de temps à autre le Secrétaire d'État, sera déposé devant les deux Chambres.

Toute allusion à un inspecteur (dans le présent Acte) s'adresse, à moins qu'il ne soit autrement dit, à un inspecteur nommé suivant cette section. Les avis ou autres documents requis par l'Acte comme devant être envoyés à un inspecteur, le seront dans la forme indiquée de temps à autre par le Secrétaire d'État, soit par déclaration publiée dans la *London Gazette* ou tout autre moyen qu'il jugera convenable pour prévenir les intéressés.

Pouvoir des inspecteurs.

68. Un inspecteur, d'après le présent Acte, aura les pouvoirs suivants:

(1) D'entrer, d'inspecter et d'examiner à toute heure convenable du jour ou de la nuit, une manufacture ou un atelier, quand il a un motif valable de croire qu'une personne quelconque y est employée, et d'entrer le jour en tout endroit qu'il juge être une manufacture ou un atelier;

(2) De prendre avec lui un constable pour pénétrer dans la manufacture, toutes les fois qu'il a un motif raisonnable de craindre des obstacles sérieux à l'exécution de son mandat;

(3) D'exiger la production des registres, certificats, avis et documents réclamés par le présent Acte, et de les inspecter, de les examiner et d'en prendre copie;

(4) De se livrer à tel examen ou enquête qu'il jugera nécessaire pour s'assurer de l'exécution des règlements du présent Acte concernant les heures et l'hygiène, en tant

qu'il s'agit d'une manufacture, d'un atelier ou des personnes qui y sont occupées;

(5) D'entrer à l'école dans laquelle il a motif de croire que les enfants de la manufacture ou de l'atelier sont instruits;

(6) D'examiner soit seul, soit en présence d'une autre personne quand il le juge convenable pour l'exécution du présent Acte, tout individu qu'il trouve dans la manufacture ou l'atelier ou telle école comme il est dit plus haut, ou toute personne qu'il juge sur cause valable avoir été employée dans la manufacture ou l'atelier pendant les deux mois précédents, et d'exiger de cette personne qu'elle subisse un interrogatoire et qu'elle signe sa déclaration comme étant l'expression de la vérité;

(7) D'user de tels autres pouvoirs qu'il est nécessaire à la bonne exécution du présent Acte.

L'occupant de toute manufacture ou de tout atelier, ses agents et aides devront procurer à l'inspecteur les moyens qu'il requiert pour l'entrée, l'inspection, l'examen, l'enquête ou l'exercice des droits que lui confère le présent Acte.

Tout individu qui retardera à dessein un inspecteur dans l'exercice de son autorité ou qui manquera de se soumettre à la réquisition d'un inspecteur agissant suivant le présent Acte, ou de produire un certificat ou document quelconque requis par le présent, ou qui empêchera ou essayera d'empêcher un enfant, un adulte ou une femme de comparaître ou d'être examiné par l'inspecteur, sera considéré comme mettant obstacle à l'exercice des fonctions de cet inspecteur, pourvu toutefois que les gens requis conformément à cet Acte n'aient pas à répondre à des questions ou à faire des dépositions tendant à s'incriminer eux-mêmes.

L'individu qui gênera un inspecteur dans l'exercice de ses fonctions sera passible d'une amende qui n'excédera pas cinq livres sterling; quant à l'occupant de la manufacture ou de l'atelier où l'inspecteur est entravé, il sera passible également d'une amende n'excédant pas cinq livres, à moins que le délit soit commis la nuit; en ce cas, son amende pourra être portée à vingt livres. Lorsque l'inspecteur sera entravé dans les fonctions qui lui sont prescrites par la section seize du présent Acte, l'occupant sera passible d'une amende n'excédant pas une livre sterling ou cinq livres si le délit est commis pendant la nuit.

Restriction relative à l'entrée de l'inspecteur dans les habitations privées.

69. Avant de pénétrer dans un endroit ou chambre servant d'habitation privée en même temps que de manufacture ou d'atelier, conformément aux pouvoirs qui lui sont conférés par le présent Acte, sans le consentement de l'occupant, l'inspecteur devra, sur un affidavit ou déclaration légale des faits et motifs, obtenir par écrit, du Secrétaire d'État l'autorisation d'agir, ou de la justice de paix un mandat comme il est indiqué ci-après.

L'affidavit ou déclaration légale ci-dessus mentionné peut être utilisé pour établir la preuve au même titre qu'un témoignage ou serment judiciaire.

Un juge-de-paix, s'il est convaincu par le témoignage sous serment qu'il y a un motif de croire que les règlements du présent Acte ne sont pas observés dans l'habitation privée dont il est parlé plus haut, peut à sa discrétion accorder un mandat écrit de sa main autorisant l'inspecteur, pendant une période qui n'excédera pas un mois à partir de la date du mandat, à entrer dans tout lieu indiqué sur ledit mandat, et à y exercer les pouvoirs d'inspection et d'examen qui lui sont conférés par cet Acte, dont les dispositions relatives aux amendes résultant des obstacles apportés à l'inspecteur seront appliquées en conséquence.

Certificats de nomination des inspecteurs.

70. Tout inspecteur sera porteur du certificat de sa nomination et lorsqu'il se présentera à la manufacture ou à l'atelier, l'occupant pourra exiger qu'il le produise.

Toute personne qui falsifie ou contrefait un certificat de ce genre ou fait usage d'un certificat falsifié. faux ou contrefait, ou prend la place de l'inspecteur désigné sur ledit certificat ou prétend faussement être l'inspecteur désigné par le présent Acte, sera passible d'un emprisonnement de trois mois au plus avec ou sans travaux pénibles.

(2) *Médecins accrédités.*

Droit d'agir des médecins des pauvres, quand il n'y a pas de médecin accredité dans un rayon de 3 milles.

71. Quand il n'y a pas de médecin accrédité résidant à moins de trois milles de la manufacture ou de l'atelier, on s'adressera au médecin des pauvres qui remplacera dans ladite manufacture ou ledit atelier le médecin accrédité.

72. Suivant les règlements qui peuvent être faits de temps à autre par le Secrétaire d'État, l'inspecteur peut aussi, de temps à autre, désigner un nombre suffisant de praticiens médicaux dûment immatriculés, pour remplir les fonctions de médecins accrédités pour les besoins du présent Acte. Il peut aussi les révoquer de leurs fonctions.

Nomination du médecin accrédité.

Toute nomination et révocation d'un médecin accrédité peuvent être annulées par le Secrétaire d'État sur appel qui lui est fait dans ce but.

Un médecin qui est l'occupant d'une manufacture ou d'un atelier, ou qui y est directement ou indirectement intéressé, soit dans l'industrie qui s'y fait soit dans un brevet y relatif, ne peut être considéré comme un médecin pour cette manufacture ou cet atelier.

Le Secrétaire d'État peut, de temps en temps, prescrire les règlements qui doivent guider les médecins accrédités et qui concernent leurs visites et la forme des certificats ou autres documents employés par eux.

73. Un certificat d'aptitude à l'emploi ne peut être accordé pour les besoins du présent Acte que sur l'examen réel de la personne qui y est mentionnée.

Règles concernant la délivrance des certificats d'aptitude.

Un médecin accrédité ne pourra examiner un enfant ou un adulte, pour le but visé par le certificat d'aptitude, ou signer ledit certificat autre part que dans la manufacture ou l'atelier où l'examiné est ou doit être employé, à moins que le nombre des enfants et adultes employés dans cette manufacture ou cet atelier soit moindre que cinq, ou qu'il y ait quelque autre raison spéciale motivée par écrit par l'inspecteur.

Si un médecin accrédité refuse d'accorder à une personne quelconque examinée par lui, le certificat d'aptitude, il devra, quand il en sera requis, donner par écrit et signer les motifs de son refus.

74. Au sujet des honoraires alloués aux médecins accrédités pour l'examen et la délivrance des certificats d'aptitude pour l'emploi des enfants et adultes dans les manufactures et ateliers, les règles suivantes seront observées:

Honoraires du médecin accrédité pour l'examen des enfants et adultes.

(1) L'occupant peut s'entendre avec le médecin accrédité au sujet du montant des honoraires.

(2) En l'absence d'un accord à ce sujet, les honoraires seront ainsi fixés :

Quand l'examen se fait dans la manufacture ou l'atelier à moins d'un mille de la résidence du médecin,	2 schellings 6 deniers (environ 3 francs) pour chaque visite. Et 6 deniers (0 fr. 60 c.) par chaque personne examinée après les cinq premiers dans la même visite.
Quand l'examen a lieu dans une manufacture ou un atelier situé à plus d'un mille de la résidence du médecin,	Les honoraires ci-dessus plus 6 deniers par chaque demi-mille en sus du mille accordé.
Quand l'examen n'a pas lieu dans la manufacture ou l'atelier, mais au domicile du médecin à tel endroit qu'il désigne, sous condition que cet endroit soit porté à la connaissance du public de la manière prescrite,	6 deniers par chaque personne examinée.

(3) L'occupant payera les honoraires après l'accomplissement de l'examen, ou à la délivrance des certificats, ou à tel moment qu'indiquera l'inspecteur.

(4) L'occupant peut déduire les honoraires, sans que la somme puisse dépasser trente centimes, du salaire des personnes aux noms desquelles les certificats sont délivrés.

(5) Le Secrétaire d'État peut de temps à autre, quand il le juge convenable, modifier les honoraires fixés par cette section.

(3) *Divers.*

Avis devant être notifié à l'inspecteur.

75. Toute personne devra, dans le mois qui suivra l'occupation de la manufacture, remettre à un inspecteur un avis écrit contenant le titre de la manufacture, le lieu où elle est située, l'adresse à laquelle l'occupant désire recevoir ses lettres, la nature du travail, la nature et la puissance de la force motrice et la raison sociale sous laquelle les affaires de la manufacture sont gérées. A défaut de quoi, l'occupant sera passible d'une amende qui n'excédera pas cinq livres sterling.

76. Quand un inspecteur, par avis écrit, désigne une horloge publique ou telle autre horloge placée en vue du public dans le but de régler la période d'emploi dans la manufacture ou l'atelier, la période d'emploi et le temps accordé pour repas aux enfants, adultes et femmes dans ladite manufacture ou atelier, seront réglés par cette horloge, ainsi qu'il sera expliqué sur l'avis affiché dans la manufacture ou l'atelier.

Règlement des heures par une horloge publique.

77. L'occupant de toute manufacture ou tout atelier, auxquels cette section s'applique, devra tenir dans la forme prescrite et selon les détails indiqués, un registre des enfants et adultes employés dans cette manufacture ou cet atelier ainsi que de leur emploi et des autres sujets spécifiés dans le présent Acte.

Registres obligatoires dans les manufactures ou ateliers.

L'occupant de la manufacture ou de l'atelier enverra à un inspecteur tels extraits de n'importe quel registre tenu conformément au présent Acte, que l'inspecteur peut requérir de temps à autre pour l'exécution de ses fonctions selon cette loi.

Cette section s'applique à tout atelier ou à toute manufacture dans lesquels un enfant ou un adulte au-dessous de seize ans ne peut être employé sans un certificat d'aptitude à l'emploi.

Quand, par suite du nombre des enfants et adultes employés dans une manufacture ou un atelier auxquels cette section ne s'applique pas, il semble utile à un Secrétaire d'État d'en agir ainsi, il pourra donner l'ordre à l'occupant de cette manufacture ou de cet atelier de tenir un registre conforme à la présente section, tout en conservant la faculté d'annuler cet ordre. Mais pendant qu'il a force de loi, cette section s'applique à la manufacture ou à l'atelier.

L'occupant qui contreviendra à cette section sera passible d'une amende qui n'excédera pas quarante schellings (48 francs).

78. Cet affichage aura lieu à l'entrée de la manufacture ou de l'atelier et dans tel endroit que désignera l'inspecteur et sera constamment conservé dans la forme prescrite, de telle sorte que les affiches puissent être facilement lues par les personnes employées dans la manufacture ou l'atelier, à savoir :

Affichage dans la manufacture ou l'atelier d'un extrait de l'Acte et des avis.

(1) L'extrait prescrit de cet Acte;

(2) Un avis indiquant le nom et l'adresse de l'inspecteur;

(3) Un avis indiquant le nom et l'adresse du médecin accrédité pour le district;

(4) Un avis indiquant l'horloge qui doit régler la période d'emploi et les heures de repas dans la manufacture ou l'atelier;

(5) Tout avis et document dont l'affichage est exigé par le présent Acte.

L'occupant qui contreviendra aux prescriptions de cette section sera passible d'une amende qui n'excédera pas quarante schellings (48 francs).

Imprimés ou écrits et notification des avis et documents, etc.

79. Tout avis, ordre, réquisition, sommation et document exigé par le présent Acte, peut être écrit ou imprimé, ou partie écrit et partie imprimé.

Tout avis, ordre, réquisition, sommation et document exigé ou autorisé par le présent à être notifié ou envoyé pour les besoins de cet Acte, devra être délivré à la personne ou à la résidence de la personne à qui il est destiné, ou, lorsque le destinataire est l'occupant de la manufacture, à son représentant par la délivrance d'une copie conforme. Il peut être aussi notifié ou envoyé par lettre affranchie; dans ce cas, il sera considéré comme ayant été reçu à l'heure habituelle et dans les limites ordinaires de la translation postale; l'indication de l'heure à laquelle la lettre sera remise à la poste prouvera suffisamment qu'elle a été reçue par le destinataire dans le cours ordinaire de la poste; et quand il est requis de la notifier ou envoyer à un occupant de manufacture ou d'atelier, on considérera la lettre comme étant proprement adressée si elle est adressée à l'occupant avec l'addition de l'adresse postale, sans nommer la personne qui en est l'occupant.

Inspection des poids et mesures en usage dans les manufactures et ateliers.

80. Tout Acte en vigueur relativement aux poids et mesures s'étendra aux poids, mesures, plateaux, balances, romaines et bascules usités dans une manufacture ou un atelier, pour contrôler ou déterminer les gages de toute personne qui y sera employée, de la même façon que s'ils servaient à la vente des marchandises et comme si la manufacture ou l'atelier étaient des magasins. Cet Acte sera appliqué en conséquence, et tout inspecteur ou toute personne autorisée à examiner les poids et mesures, plateaux, balances, etc., inspectera, timbrera, marquera, recherchera, examinera lesdits poids et mesures, balances, etc., en conséquence, et dans ce but aura les mêmes pouvoirs et devoirs que s'il s'agissait de poids, mesures, balances, etc., usités dans la vente des marchandises.

(4) *Amendes.*

Amende pour ne pas tenir une manufacture ou un atelier en

81. Si une manufacture ou un atelier n'est pas tenu en conformité du présent Acte, l'occupant est passible d'une amende n'excédant pas dix livres sterling.

Le tribunal de juridiction sommaire peut, au lieu d'infliger l'amende, ordonner l'adoption par l'occupant de certaines mesures dans un laps de temps déterminé, afin de faire ramener sa manufacture ou son atelier dans les règles prescrites par le présent Acte; le Tribunal peut aussi, sur demande, augmenter la durée de ce laps de temps, mais si, après l'expiration de la période accordée, l'occupant ne se conforme pas à l'ordonnance, il sera passible d'une amende n'excédant pas une livre pour chaque jour de manquement.

conformité du présent Acte.

82. Si une personne quelconque est tuée ou blessée parce que l'occupant d'une manufacture a négligé de se conformer aux règlements de cet Acte sur l'entourage des machines, cuves, etc., ou a négligé de maintenir l'entourage en bon état, l'occupant sera passible d'une amende n'excédant pas cent livres sterling, dont tout ou partie sera attribué soit à la personne blessée, soit à sa famille, soit à tel autre usage que le Secrétaire d'État déterminera.

Compensation judiciaire accordée à la personne blessée par suite du défaut d'entourage de la machine, etc.

Il est entendu que l'occupant d'une manufacture ne sera point passible de l'amende; si une dénonciation portée contre lui à propos du manque d'entourage a été entendue et reconnue non fondée avant l'époque où l'accident ayant occasionné la mort ou une blessure a eu lieu.

83. Quand un enfant, un adulte ou une femme est employé dans une manufacture contrairement aux prévisions du présent Acte, l'occupant est passible d'une amende n'excédant pas trois livres sterling, ou si le délit a été commis pendant la nuit, n'excédant pas cinq livres par chaque enfant, adulte ou femme ainsi employé. Et lorsqu'un enfant, un adulte ou une femme est employé de la sorte, dans le sens de la section seize de cet Acte, l'occupant est passible d'une amende n'excédant pas une livre, ou si le délit a été commis durant la nuit, deux livres par chaque enfant, adulte ou femme employé.

Amende pour emploi d'enfants, adultes et femmes, contrairement au présent Acte.

Tout enfant, adulte ou femme à qui les prescriptions du présent Acte ne sont pas appliquées concernant les heures des repas, l'absence du travail ou le séjour à l'atelier pendant les repas, sera considéré comme étant employé contrairement à la loi.

84. Le parent de l'enfant ou de l'adulte sera :

(1) Si l'enfant ou l'adulte est employé dans une manufacture ou un atelier contrairement aux prescriptions du présent Acte, passible d'une amende n'excédant pas vingt schellings, à moins qu'il apparaisse au Tribunal que le délit

Amende infligée au parent qui autorise l'enfant ou l'adulte à être employé

contrairement au présent Acte ou qui néglige de l'envoyer à l'école.

a été commis sans le consentement, la connivence ou la mauvaise volonté du parent.

(2) S'il néglige d'envoyer l'enfant à l'école, conformément au présent Acte, passible d'une amende n'excédant pas vingt schellings pour chaque contravention.

Falsification des certificats, fausses entrées et fausses déclarations.

85. Tout individu qui falsifie ou contrefait un certificat quelconque prescrit par le présent Acte (faux ou contrefaçon contre lequel il n'y a pas d'autre peine prévue) ou qui donne ou signe un certificat sachant qu'il est faux, ou qui, en connaissance de cause, le fait circuler ou en fait usage en faveur d'une personne à laquelle il ne s'applique pas ou qui se donne pour la personne désignée dans le certificat, ou qui à dessein concourt au faux, à la contrefaçon, à la délivrance, à la signature, à la mise en circulation, à l'usage ou à la substitution de personne, comme il est dit plus haut, est passible d'une amende n'excédant pas vingt livres sterlings, ou à l'emprisonnement pour une période n'excédant pas trois mois, avec ou sans travaux pénibles.

Tout individu qui, à dessein, fait un faux sur un registre d'entrées, un avis, un certificat ou un document exigé par le présent Acte, ou qui, à dessein, fait ou signe une fausse déclaration, ou qui, en connaissance de cause, fait usage de cette fausse entrée ou déclaration, est passible d'une amende n'excédant pas vingt livres sterlings, ou d'un emprisonnement n'excédant pas trois mois, avec ou sans travaux pénibles.

Amende infligée à une personne commettant un délit dont l'occupant est responsable.

86. Quand un délit pour lequel l'occupant d'une manufacture ou d'un atelier est passible d'une amende, a, en fait, été commis par un agent, un aide, un ouvrier ou toute autre personne, cet agent, aide, etc., est passible de la même amende que s'il était l'occupant.

Droit de l'occupant de s'exempter de l'amende après conviction du délinquant.

87. Quand l'occupant d'une manufacture ou d'un atelier est accusé d'un délit d'après cet Acte, il a le droit, après une dénonciation dûment notifiée par lui, d'appeler en justice tout individu qu'il accuse lui-même de ce délit, dans les délais prescrits pour l'entendre. Et si, après la comparution du délinquant qu'il accuse, l'occupant prouve à la satisfaction du tribunal qu'il a usé de diligence pour donner force à l'exécution de l'Acte, et que le délit a bien été commis en dehors de sa connaissance, consentement ou connivence, ledit délinquant sera convaincu sommairement du délit et l'occupant sera exempté de l'amende.

Quand il paraît certain à un inspecteur, au moment de la

constatation du délit, que l'occupant de la manufacture ou de l'atelier a usé de toute diligence pour donner force à l'exécution de la loi, quand il connaît l'auteur du délit et quand il sait que ce délit a été commis en dehors de la connaissance, du consentement ou de la connivence de l'occupant et en contravention à ses ordres, l'inspecteur poursuivra alors en première instance la personne qu'il croira coupable, sans procédure préalable contre l'occupant.

88. Une personne ne sera passible, au sujet de la répétition journalière de la même sorte de délit, d'une plus forte somme d'amendes que l'amende la plus élevée fixée par le présent Acte pour le délit, excepté :

(*a*) Quand la répétition du délit survient après la dénonciation de la première contravention.

(*b*) Quand le délit consiste dans l'emploi de deux ou plusieurs enfants, adultes ou femmes contrairement aux prescriptions du présent Acte.

(5) *Procédure légale.*

Poursuites pour délits, recouvrement et application des amendes.

89. Toutes les contraventions à cet Acte doivent être poursuivies et toutes les amendes qu'il prescrit doivent être recouvrées sur conviction sommaire, selon le mode indiqué par les lois de juridiction sommaire.

Un jugement sommaire peut être rendu aux fins du présent Acte par un Tribunal de juridiction sommaire, selon le mode indiqué par les lois de juridiction sommaire.

Toutes les amendes imposées par le présent Acte doivent être payées au Trésor, sauf dans les cas expressément prévus par l'Acte.

La cour de juridiction sommaire, quand elle connaît et qu'elle décide d'un cas ressortissant de cet Acte, devra se composer de deux ou de plusieurs juges de paix siégeant à quelque Tribunal ou place publique où les juges ont coutume de s'assembler pour tenir les petites sessions, ou bien devra se composer d'un magistrat ou officier siégeant seul ou avec d'autres à quelque Tribunal ou autre place désignée pour l'administration publique de la justice, ce magistrat ou officier ayant légalement plus de pouvoir qu'un seul juge de paix.

Quand une procédure est suivie devant une Cour de juridiction sommaire pour contravention au présent Acte, en ce qui concerne une manufacture ou un atelier, l'occupant de cette manufacture ou de cet atelier, et le père, le fils ou le frère de l'occupant n'aura pas qualité pour siéger comme membre du Tribunal.

Appel aux sessions trimestrielles.

90. Toute personne qui se sent lésée par la décision d'un Tribunal de juridiction sommaire pour tout ce qui concerne le présent Acte, a le droit d'en appeler en se soumettant aux conditions et règles suivantes à observer en Angleterre :

(1) L'appel sera fait au plus prochain Tribunal assemblé en session générale ou session générale trimestrielle, ayant juridiction dans le comté ou lieu où la décision a été prise, au moins vingt et un jours après le jour du prononcé de la décision.

(2) L'appelant devra, dans les dix jours après le prononcé de la décision, donner avis à l'autre partie et au greffier du Tribunal de juridiction sommaire de son intention d'appeler et des éléments généraux de cet appel.

(3) Dans les trois jours qui suivront la notification de cet avis, l'appelant devra prouver sa solvabilité devant le Tribunal de juridiction sommaire, assisté ou non d'une caution selon que le Tribunal en décidera, à condition de comparaître devant les sessions indiquées, de soutenir l'appel et de se soumettre au jugement d'appel, et de payer tels frais que la Cour pourra adjuger. L'appelant peut, si le Tribunal de juridiction sommaire le juge plus expéditif, déposer telle caution en argent entre les mains du greffier que le Tribunal estimera suffisante.

(4) Quand l'appelant est en prison, le Tribunal de juridiction sommaire peut, s'il le juge convenable, le faire élargir après preuve de sa solvabilité ou dépôt de caution comme il est dit plus haut.

(5) La cour d'appel peut ajourner l'audition de l'appel et, après l'avoir entendu, peut confirmer, infirmer, modifier la décision du Tribunal de juridiction sommaire ou renvoyer l'affaire devant ce Tribunal, en exprimant son avis sur la matière ou prendre telle autre décision qu'elle croit juste.

(6) La Cour d'appel peut aussi ordonner le paiement des frais par l'une ou l'autre des parties, selon qu'elle le juge équitable.

(7) Quand une décision est infirmée par la Cour d'appel, le

greffier doit ajouter à la pièce à conviction une note indiquant l'annulation, et quand une copie de cette pièce est faite, la copie de ladite note doit toujours y être annexée, car elle prouve d'une manière suffisante que la décision première a été annulée dans tous les cas où la pièce elle-même serait d'une évidence suffisante.

(8) Tout avis écrit réclamé dans cette section, comme devant être donné par l'appelant, peut être signé par lui ou par son agent en son nom et peut être envoyé par la poste, dans une lettre chargée. En ce cas, il sera considéré comme ayant été délivré dans les délais ordinaires de la poste.

Limite de temps et dispositions générales au sujet des procédures sommaires.

91. Les prescriptions suivantes auront leur effet au sujet de procédures sommaires sur les délits et amendes indiqués dans le présent Acte.

(1) La dénonciation devra être faite dans les deux mois ou, — quand le délit est punissable à discrétion d'emprisonnement ou consiste en une violation des dispositions de cet Acte concernant les jours de congé, — dans les trois mois qui suivront le délit.

(2) Le signalement d'un délit dans les termes du présent Acte ou dans des termes similaires, est suffisant en justice.

(3) Toute exception, exemption, clause conditionnelle, excuse ou qualification, qu'elle accompagne ou non le signalement du délit, peut être prouvée par le défendeur, mais on n'a pas besoin de la spécifier ou de la nier dans la dénonciation, et si elle est niée ou spécifiée, aucune preuve à l'égard des choses ainsi spécifiées ou niées ne sera requise de la part du dénonciateur.

(4) Il sera suffisant d'alléguer qu'une manufacture ou un magasin est une manufacture ou un magasin régi d'après cet Acte, sans plus.

(5) Il sera suffisant de donner le nom de l'occupant ostensible de la manufacture ou de l'atelier, ou la raison sociale usuellement connue de la maison dans laquelle l'occupant emploie des ouvriers.

(6) Une déclaration de culpabilité ou jugement rendu dans toute affaire dépendant du présent Acte, soit en première

instance, soit en appel, ne pourra être infirmé pour vice de forme, et une déclaration ou jugement rendu par un Tribunal de juridiction sommaire, contre-lequel une personne est autorisée par cet Acte à appeler, ne pourra être renvoyé ni par certiorari ni autrement, soit à la requête de la Couronne soit à la requête d'un particulier, devant un Tribunal supérieur, excepté pour l'audition et la détermination d'un cas spécial.

Des preuves dans les procédures sommaires.

92. Si quelqu'un est trouvé dans une manufacture, excepté aux heures des repas ou pendant que toutes les machines sont arrêtées ou dans l'unique but d'apporter de la nourriture aux ouvriers, entre quatre et cinq heures de l'après-midi, cette personne sera, jusqu'à preuve du contraire, considérée comme ayant été employée dans ladite manufacture selon les règles du présent Acte.

Il est entendu que les cours, jardins de récréation et lieux ouverts au public, les chambres d'école, les salles d'attente et autres locaux dépendant de la manufacture, dans lesquels aucune machine n'est employée ni aucun produit fabriqué, ne seront pas considérés comme tombant sous le coup de la présente règle. Cette règle ne s'appliquera pas non plus à la manufacture ou à l'atelier que ne concernent pas les prescriptions du présent Acte relatives à l'affichage des avis.

Quand un enfant ou un adulte est, dans l'opinion du Tribunal, en apparence de l'âge indiqué par le dénonciateur, il sera permis au défendeur de prouver que l'enfant ou l'adulte n'est pas de cet âge.

Une déclaration écrite du médecin accrédité pour le district faisant connaître qu'il a personnellement examiné une personne employée dans une manufacture ou un atelier de ce district et qu'il croit que cet personne n'a pas l'âge indiqué dans la déclaration, sera admise comme preuve évidente. Une copie de la déclaration de culpabilité, pour un délit commis selon cet Acte, pourvu qu'elle soit certifiée de la main du greffier de la justice de paix ayant droit de délivrer une copie conforme de ladite déclaration, sera recevable comme preuve évidente, et tout greffier ainsi désigné devra, sur demande écrite d'un inspecteur et paiement d'un honoraire de un schelling, lui délivrer copie de la déclaration de culpabilité ainsi certifiée.

QUATRIÈME PARTIE.

DÉFINITIONS, RÉSERVES, APPLICATION A L'ÉCOSSE ET A L'IRLANDE, ET ABROGATION.

(1) *Définitions.*

93. L'expression « manufacture textile » usitée dans le présent Acte signifie tous lieux dans lesquels ou dans l'enceinte et dépendances desquels, la vapeur, l'eau ou autre force mécanique est employée soit comme moteur soit comme populseur d'une machine destinée à la préparation, manufacture, achèvement, etc., d'un produit quelconque de coton, laine, crin, soie, lin, chanvre, jute, filasse, china-grass, fibre de noix de cacao, ou autres, soit séparément, soit mélangés ensemble, soit mêlés à d'autres matériaux.

Manufactures et ateliers auxquels le présent Acte s'applique.

Il est entendu que les ateliers d'impression sur étoffes, de blanchissage, de teinture, les magasins de dentelle, les papeteries, le teillage mécanique du lin, les corderies et les chapelleries ne sont pas considérés comme des manufactures textiles.

L'expression « manufacture non textile » signifie :

(1) Toutes usines, magasins, fourneaux, forges, fonderies ou locaux désignés dans la quatrième annexe du présent Acte,

(2) Toutes constructions désignées dans la seconde partie de ladite annexe dans lesquels ou dans l'enceinte desquels la vapeur, l'eau ou autre force mécanique est employée pour seconder la manufacture des produits,

(3) Ou toutes constructions dans lesquelles, ou dans l'enceinte desquelles, le travail manuel est employé dans un but de négoce, de gain, ou accidentellement dans les différents buts dont le détail suit :

(*a*) La fabrication d'un article ou portion d'article quelconque ;

(*b*) Le changement, la réparation, l'ornement ou l'achèvement d'un article quelconque ;

(*c*) L'adaptation à la vente de tout article ;

et dans lesquelles ou dans l'enceinte desquelles la vapeur, l'eau ou autre force mécanique est employée pour seconder la manufacture des produits.

L'expression « manufacture » signifie manufacture textile et manufacture non textile ou l'une ou l'autre de ces fabriques.

5

L'expression « atelier » signifie :

(1) Tout local désigné dans la seconde partie de la quatrième annexe du présent Acte, et qui n'est pas une manufacture suivant cet Acte ;

(2) Tout local, chambre ou lieu n'étant pas une manufacture selon cet Acte, et dans lequel le travail manuel est employé dans un but de négoce, de gain, ou dans les buts suivants, soit accidentellement soit par habitude :

(*a*) La fabrication d'un article ou d'une portion d'article ;

(*b*) Le changement, la réparation, l'ornementation ou l'achèvement d'un article quelconque ;

(c) L'adaptation à la vent d'un article quelconque ;

local, chambre ou lieu dans lequel le patron qui emploie les personnes y travaillant a droit d'accès ou de contrôle.

Une partie de la manufacture ou de l'atelier peut, pour les besoins du présent Acte, être considérée comme une manufacture ou un atelier séparé. Un local, usité exclusivement comme habitation privée, ne peut être pris pour une partie de la manufacture ou de l'atelier dans le sens du présent Acte.

Quand un local situé dans l'enceinte ou sur le terrain d'une manufacture ou d'un atelier sert à tout autre usage qu'à la fabrication des produits ou à l'industrie exercée dans la manufacture ou l'atelier, ce local n'est pas considéré comme formant une partie de cette manufacture ou de cet atelier dans le sens du présent Acte, mais s'il devait être usité comme manufacture ou atelier, il serait considéré comme portion de manufacture ou d'atelier et réglementé en conséquence.

Un local quelconque ne devra pas être exclu de la définition donnée à la manufacture ou à l'atelier par la seule raison que ce local est à ciel ouvert.

Le présent Acte ne s'applique pas aux ateliers, autres que les boulangeries, qui n'emploient pas d'enfants, d'adultes ou de femmes, sauf, comme il est dit plus haut, à toutes les manufactures et à tous les ateliers appartenant à la Couronne. Il est entendu que dans le cas d'événement public, un Secrétaire d'État peut exempter des prescriptions de cet Acte une manufacture ou un atelier dépendant de la Couronne, pendant la période qu'il désignera.

L'exercice d'un enfant ou d'un adulte à tout travail manuel dans une école reconnue efficace et pendant les heures d'école dans le but d'instruire cet enfant ou cet adulte dans un art ou une industrie quelconque, ne sera pas considéré comme un exercice de travail manuel destiné à apporter profit selon le sens du présent Acte.

Définition d'emploi et de travail salariés.

94. Un enfant, un adulte, ou une femme qui assiste dans une manufacture ou un atelier, et qui est employé à gages ou non, soit dans la fabrication des produits, ou dans l'industrie soit à l'entretien d'une partie quelconque de la manufacture servant à la confection des produits ou aux travaux mécaniques, soit au nettoyage ou au huilage d'une portion quelconque de la machine, soit à toute autre sorte de travail qu'il ait une relation accidentelle ou réelle avec les articles manufacturés, sera, sauf dans le cas prévu par le présent Acte, considéré comme étant employé dans le sens de cet Acte.

Pour les besoins du présent Acte, un apprenti sera considéré comme étant salarié.

Définition de l'expression « école certifiée efficace ».

95. L'expression «école certifiée efficace» employée dans le présent Acte signifie toute école publique élémentaire dans l'esprit des Actes sur l'éducation élémentaire (1870 et 1873), toute école d'apprentissage en Angleterre certifiée efficace par la commission locale du gouvernement, toute école élémentaire qui n'est pas dirigée dans un but de bénéfices privés, qui est ouverte à des époques convenables aux inspecteurs scolaires de Sa Majesté, qui exige la même assiduité de la part de ses élèves qu'une école publique élémentaire et qui est certifiée par le département de l'éducation comme étant une école efficace.

Définition de « école reconnue efficace ».

L'expression «école reconnue efficace» signifie d'abord une école certifiée efficace comme il est dit ci-dessus, puis toute école que le département de l'éducation n'a pas refusé de prendre en considération selon l'Acte sur l'éducation élémentaire de 1870, comme une école donnant une éducation élémentaire efficace et profitable aux enfants du district scolaire, et celle qui est reconnue par un inspecteur comme donnant pour le temps présent une éducation élémentaire efficace; en ce dernier cas, l'inspecteur devra immédiatement faire connaître au département de l'instruction toute école reconnue comme telle par lui.

Définitions générales :

96. Dans le présent Acte, à moins que le contexte ne l'exige autrement :

Enfant.

L'expression « enfant » signifie une personne au-dessous de l'âge de quatorze ans.

Adulte. L'expression « adultes » signifie une personne âgée de plus de quatorze ans et de moins de dix-huit.

Femme. L'expression « femme » signifie une femme de dix-huit ans et au-dessus.

Parent. L'expression « parent » signifie le père, la mère, ou le tuteur de l'enfant ou de l'adulte, ou une personne ayant la garde légale de l'enfant ou de l'adulte, ou ayant contrôle sur eux ou bénéficiant de leur salaire.

Trésor. L'expression « Trésor » signifie les commissaires du Trésor de Sa Majesté.

Secrétaire d'État. L'expression « Secrétaire d'État » signifie l'un des principaux Secrétaires d'État de Sa Majesté.

Département d'éducation. L'expression « département d'éducation » signifie les lords du comité du Conseil privé de l'éducation.

Autorité sanitaire L'expression « autorité sanitaire » signifie une autorité sanitaire urbaine ou rurale selon l'Acte de santé publique de 1875, ainsi que toute commission, comité ou conseil de fabrique de la métropole ayant les mêmes pouvoirs qu'une autorité sanitaire urbaine.

Personne. L'expression « personne » implique un groupe d'individus érigé ou non en corporation.

Semaine. L'expression « semaine » signifie la période comprise entre le milieu de la nuit d'un samedi et le milieu de la nuit du samedi suivant de minuit à minuit.

Nuit. L'expression « nuit » signifie la période comprise entre neuf heures du soir à six heures du matin.

Prescrit. L'expression « prescrit » signifie prescrit pour le temps présent par un Secrétaire d'État.

Actes de juridiction sommaire. L'expression « Actes de juridiction sommaire » signifie l'Acte de la session de la 11e et 12e année du règne de Sa Majesté actuelle, chapitre 43, intitulé « Acte pour faciliter l'accomplissement des devoirs des juges de paix, en dehors des sessions, en Angleterre et dans les Galles, au sujet des jugements sommaires et ordres, ainsi que tous les Actes modifiant le susdit. »

Tribunal de juridiction sommaire. L'expression « Tribunal de juridiction sommaire » signifie tout juge de paix, magistrat de la police métropolitaine, salarié ou non, ou officier, de quelque titre qu'on le désigne, à qui pouvoir judiciaire est donné par les Actes de juridiction sommaire ou tout Acte qui s'y rapporte.

Système d'engrenages. L'expression « système d'engrenages » comprend tout arbre, qu'il soit vertical, oblique ou horizontal, toute roue, tout tambour, toute poulie qui donne l'impulsion première à la machine servant à la manufacture des produits.

Les manufactures et ateliers désignés dans cet Acte sont ceux nommés dans la quatrième annexe du présent Acte.

Exemption spéciale de certaines Industries.

Exemption des travaux manuels (cinquième annexe) dans les habitatio privées.

97. Dans une habitation ou chambre privée, l'accomplissement par la famille qui y réside ou par les siens, de travaux manuels dans un but de commerce ou de gain accidentellement ou non selon les règles spécifiées dans la cinquième annexe du présent Acte, ne constituera point par lui-même ladite maison ou chambre en atelier dans le sens de cet Acte.

Quand il est démontré à la satisfaction du Secrétaire d'État qu'en raison du caractère peu pénible des travaux manuels exécutés dans une habitation particulière ou local privé par les membres de la famille qui y résident, il est bon d'étendre le bénéfice de la présente section à ces travaux, il peut prendre une décision en conséquence.

La décision sera prise conformément à la seconde annexe de cet Acte, et cette annexe sera applicable aussi longtemps que les circonstances le permettront, comme si la décision était un ordre étendant l'exception.

Exemption de certains travaux d'intérieur.

98. L'exercice du travail manuel dans une habitation privée par la famille y résidant ou par ses membres, dans un but lucratif ou accidentellement, dans le but désigné par les passages de cet Acte qui traitent de la question, n'impliquera pas par lui-même que l'habitation est un atelier, quand le travail manuel y sera exécuté à des intervalles irréguliers et quand ce travail ne procurera pas toutes les ressources ou les principales ressources de la famille.

(2) *Réserves.*

Réserve au sujet de la responsabilité du loueur de la machine en l'absence d'occupant.

99. Quand, dans une manufacture, le propriétaire ou loueur de la machine ou de l'outillage mû par la vapeur, l'eau, ou autre force mécanique, dans laquelle des enfants, adultes ou femmes sont employés, est une personne autre que l'occupant de la manufacture, et lorsque ces enfants, adultes et femmes sont payés par le propriétaire ou le loueur de ladite machine, ce propriétaire ou loueur est dans tous les cas de délits prévus par cet Acte, en ce qui concerne les enfants, adultes et femmes, considéré comme étant l'occupant de la manufacture.

Réserve au sujet des adultes employés aux réparations d'une machine ou d'une manufacture ou d'un atelier ou dans la salaison du poisson.

100. Rien dans cet Acte ne s'applique :

(1) A un adulte quelconque qui est mécanicien, artisan ou manœuvre, quand il travaille seulement à la réparation soit de la machine soit à une partie quelconque de la manufacture ou de l'atelier.

(2) Au vidage, à la salaison et empaquetage du poisson immédiatement après son arrivée dans les bateaux de pêche.

Application aux manufactures et ateliers des 38 et 39 Vict. c. 55.

101. Les prescriptions de la section 91 de l'Acte de santé publique de 1875 au sujet des manufactures, ateliers ou lieux de travail qui ne sont pas conservés en état de propreté, de ventilation ou qui sont trop peuplés, ne seront pas applicables à une manufacture ou à un atelier sujet aux prescriptions du présent Acte relatives à la propreté, à la ventilation et à l'agglomération des ouvriers, mais s'appliqueront à toute autre manufacture, atelier ou lieu de travail.

Il est entendu que l'Acte de santé publique de 1875, s'appliquera aux bâtiments dans lesquels des personnes sont employées, quel que soit leur nombre, de la même manière qu'il s'applique aux bâtiments qui comptent plus de vingt employés.

Interprétation d'actes législatifs, etc., se rapportant aux lois abrogées.

102. Tout Acte législatif ou document se rapportant aux lois abrogées par la présente sera interprété d'après la présente et l'Acte législatif correspondant.

(3) *Application de la loi à l'Écosse et à l'Irlande.*

Réserve temporaire au sujet de l'emploi des enfants au-dessous de 10 ans et au-dessus de 13 en Ecosse et en Irlande.

103. Les prescriptions de la présente loi seront, pour les manufactures ou ateliers d'Écosse ou d'Irlande, dans lesquels des enfants au-dessous de dix ans peuvent être légalement employés, modifiées comme suit :

(1) Elles seront applicables pendant douze mois après la mise à exécution de l'Acte, aux enfants de l'âge de neuf ans et au-dessus, comme s'ils étaient de l'âge de dix ans.

(2) Elles n'empêcheront pas un enfant qui, avant la mise à exécution de cet Acte, sera légalement employé dans une manufacture ou un atelier comme enfant de l'âge de neuf ans, ou un enfant qui, durant les douze mois qui suivront la mise à exécution de cet Acte, sera légalement employé dans une manufacture ou atelier quelconque comme enfant au-dessous de l'âge de dix ans, de continuer à être employé dans ladite manufacture ou ledit atelier de la

même manière que si c'était un enfant au-dessus de l'âge de dix ans.

(3) Elles seront applicables pendant douze mois après la mise à exécution de cet Acte aux enfants de l'âge de treize ans et plus, comme si c'étaient des adultes;

(4) Et elles n'empêcheront pas un enfant qui, avant l'expiration de douze mois après la mise à exécution de cet Acte, est légalement engagé dans une manufacture ou un atelier comme adulte, de continuer à travailler dans une manufacture ou un atelier comme adulte.

Certificats de naissance pour les besoins de cet Acte.

104. Quand il sera requis de certifier ou de prouver l'âge d'un enfant quelconque pour les besoins de cet Acte, ou pour un but ayant trait à l'éducation élémentaire ou au travail manuel, toute personne, en présentant une réquisition écrite selon la forme et les détails qui peuvent être prescrits de temps à autre par un Secrétaire d'État et en payant un droit qui n'excédera pas un schelling, aura le droit de réclamer :

(1) En Écosse, d'après l'Acte des 17e et 18e années de Sa Majesté actuelle, chapitre 80, et tous les Actes qui modifient le susdit, un extrait signé par le greffier de l'inscription portée sur le registre tenu à cet effet.

26 et 27 Vict. c. 11.

(2) En Irlande, d'après l'Acte sur l'enregistrement des naissances et des décès (Irlande), une copie certifiée signée par le greffier ou le greffier en chef, de l'inscription portée sur le registre, de la naissance de l'enfant désigné dans la réquisition.

Application de la loi à l'Ecosse.

105. Dans l'application de cette loi à l'Écosse :

(1) L'expression « école certifiée efficace » signifie une école publique ou élémentaire soumise à l'inspection du gouvernement.

38 et 39 Vict. c. 13.

(2) Au lieu du jour de Noël, du Vendredi Saint ou le plus proche congé accordé par la loi de 1875, sur l'extension des congés il sera alloué comme congé à tout enfant, adulte et femme employés dans la manufacture ou l'atelier, la totalité de deux jours séparés par un intervalle de trois mois au moins, et l'un de ces jours sera réservé par l'Église d'Écosse pour l'observation de la fête sacramentelle de la paroisse dans laquelle la manufacture ou l'atelier est situé; ou un autre jour pourra être substitué

30 et 31 Vict. c. 101.

à celui-là par l'occupant, qui le spécifiera alors sur un avis affiché dans la manufacture ou l'atelier.

(3) L'expression « autorité sanitaire » signifie l'autorité locale instituée d'après l'Acte de 1867 sur la santé publique (Écosse).

(4) L'expression « officier médical de santé » signifie l'officier médical institué par l'Acte de 1867 sur la santé publique (Écosse), ou quand cet officier n'a pas été désigné, l'officier médical indiqué par le Conseil paroissial.

L'expression « médecin des pauvres » signifie l'officier médical désigné par le Conseil paroissial.

8 et 9 Vict. c. 16 et 17.

(5) L'expression « Acte de réunion des clauses relatives aux sociétés, 1845 » signifie Acte de 1845 (pour l'Écosse) sur la réunion des clauses relatives aux sociétés.

27 et 28 Vict. c. 53.

(6) L'expression « Actes de juridiction sommaire » signifie l'Acte de procédure sommaire de 1864 et tous les Actes qui le modifient.

(7) L'expression « Tribunal de juridiction sommaire » signifie le shériff du comté ou l'un de ses substituts.

(8) L'expression « Département de l'Éducation » signifie les Lords du Comité du Conseil privé désignés par Sa Majesté pour l'Éducation en Écosse.

(9) L'expression « Tribunal du Comté » signifie le Tribunal du shériff.

(10) Tout ce qui est requis par le présent Acte pour être publié dans la *London Gazette*, sera (si la chose concerne exclusivement l'Écosse) publié dans la *Gazette d'Édimbourg* au lieu de la *London Gazette*.

(11) L'expression « dénonciation » signifie pétition ou plainte.

(12) L'expression « dénonciateur » signifie pétitionnaire, poursuivant ou plaignant.

(13) L'expression « défendeur » signifie avocat ou répondant.

(14) L'expression « greffier de la justice de paix » signifie greffier du shériff.

(15) Toute contravention au présent Acte sera poursuivie et toutes les amendes encourues d'après cet Acte seront recouvrées suivant les prescriptions des Actes de juridiction sommaire sur l'instance d'un procureur fiscal ou d'un inspecteur désigné par le présent.

(16) Le Tribunal peut prendre et peut aussi modifier ou varier

des décisions sommaires d'après cet Acte sur demande du procureur fiscal ou de l'inspecteur présentée dans la forme ordinaire.

(17) Toutes les amendes en défaut de paiement et toutes les décisions non exécutées seront renforcées par l'emprisonnement pour un terme spécifié dans la décision ou la déclaration de culpabilité, mais n'excédant pas trois mois.

(18) Un inspecteur pourra paraître comme témoin dans la poursuite d'un délit commis selon le présent Acte, sans qu'on puisse se prévaloir de ce que la poursuite a eu lieu à sa requête.

(19) Toute personne convaincue d'une contravention au présent Acte sera passible des frais et charges raisonnables de cette conviction.

(20) Toutes les amendes imposées et recouvrées d'après cet Acte, seront payées au greffier du tribunal qui en remettra le montant au Secrétaire du Lord Trésorier, au profit du Trésor de Sa Majesté. La somme sera ensuite convertie en fonds consolidés.

(21) Toute juridiction, tout pouvoir et toute autorité nécessaires aux besoins de cette section sont conférés aux shériffs et à leurs substituts.

(22) Toute personne peut faire appel devant la Cour de justice d'Édimbourg, selon les termes de l'Acte de 1875 concernant les appels de poursuites sommaires (pour l'Écosse), d'une décision ou déclaration de culpabilité, suivant les termes de l'Acte de la 31e année du règne de Sa Majesté le roi Charles II, chapitre 43, ou suivant les Actes législatifs qui modifient le susdit, en ce qui touche les appels, ou suivant les termes de l'Acte de 1875 sur l'appel des poursuites sommaires. *38 et 39 Vict. c. 62.*

106. Dans l'application la présente loi en Irlande : *Application de l'Acte en Irlande*

(1) L'expression « école certifiée efficace » signifie toute école nationale reconnue par le Lord Lieutenant et le Conseil privé, comme offrant des moyens suffisants d'éducation littéraire pour les besoins de cet Acte.

(2) Au lieu des deux demi-journées de congé accordées selon les prescriptions du paragraphe 2 de la section 22 du présent Acte, il sera alloué comme congé, à tout enfant, adulte ou femme, employé dans une

manufacture ou un atelier, la journée du 17 mars. Il est entendu que lorsque le 17 mars tombe un dimanche ce paragraphe n'a aucun effet à l'égard de cette date.

(3) L'expression « autorité sanitaire » signifie l'autorité sanitaire urbaine ou rurale, dans l'esprit de l'Acte de 1874 sur la santé publique et de tout Acte le modifiant.

37 et 38 Vict. c. 93.

(4) L'expression « officier médical de santé » signifie l'officier médical de santé du district sanitaire.

L'expression « médecin des pauvres » signifie le docteur du dispensaire.

(5) Tout acte nécessitant l'autorisation ou la permission du département d'éducation selon la présente loi sera autorisé ou permis par le Lord Lieutenant ou les Lords Juges d'Irlande, agissant par et avec l'autorité du Conseil privé d'Irlande.

(6) L'expression « Tribunal du comté » signifie le Tribunal civil des requêtes.

(7) L'expression « actes de juridiction sommaire » signifie dans le district de police de la métropole de Dublin, les actes déterminant les pouvoirs et devoirs des juges de paix pour ce district, et, dans les autres parties de l'Irlande, l'Acte de 1851 sur les petites sessions en Irlande ainsi que tout Acte amendant ce dernier.

14 et 15 Vict. c. 95.

(8) Un Tribunal de juridiction sommaire, quand il entend une dénonciation ou plainte dérivant du présent Acte et qu'il est appelé à statuer sur elle, dans le district de la police métropolitaine de Dublin, devra se composer de l'un des juges divisionnaires de ce district, siégeant au tribunal de police du district, et dans les autres parties de l'Irlande, d'un magistrat salarié siégeant seul ou avec d'autres, ou de deux ou plusieurs juges de paix siégeant en petites sessions au lieu désigné pour tenir lesdites sessions.

(9) Les appels d'un Tribunal de juridiction sommaire seront assujettis, dans leur forme et leur objet, aux conditions et règles prescrites par la 24e section de l'Acte de 1851 sur les petites sessions en Irlande et par tout Acte modifiant ce dernier.

14 et 15 Vict. c. 93.

(10) Toutes les amendes imposées d'après le présent Acte, sauf les exceptions expressément prévues par l'Acte, seront

applicables suivant les prescriptions de l'Acte de 1851, sur les amendes en Irlande et tout Acte le modifiant. *14 et 15 Vict. c. 90.*

(11) Les dispositions de la section 19 de l'Acte de 1866 sur la santé publique, ou de tout Acte législatif substitué à cette section en ce qui touche les manufactures, ateliers, lieux de travail non maintenus en état de propreté, non ventilés ou trop peuplés, ne s'appliqueront pas aux manufactures et ateliers sujets aux prescriptions du présent Acte, pour ce qui concerne la propreté, la ventilation et l'agglomération des ouvriers, mais s'appliqueront à toute autre manufacture, atelier et lieu de travail.

Il est entendu que les Actes sanitaires, selon l'esprit de l'Acte de 1874 sur la santé publique en Irlande, seront applicables aux bâtiments dans lesquels des personnes sont employées, quel que soit leur nombre, de la même manière qu'ils s'appliquent aux bâtiments contenant plus de vingt employés. *38 et 39 Vict. c. 93.*

(12) Tout ce qui est requis par le présent Acte comme devant être publié dans la *London Gazette*, sera publié dans la *Dublin Gazette*, si l'objet concerne exclusivement l'Irlande.

(4) *Abrogation.*

107. Les Actes désignés dans la sixième annexe du présent Acte sont abrogés, à partir de la mise à exécution de cet Acte, comme il est indiqué dans la troisième colonne de cette annexe. *Abrogation d'Actes.*

Il est entendu que :

(1) Tous les avis affichés dans une manufacture, suivant les Actes ici abrogés, seront, autant qu'ils seront en concordance avec les disposions de cet Acte, considérés comme étant affichés en conformité du présent.

(2) Tous les inspecteurs, sous-inspecteurs, agents, commis et aides, nommés en conséquence des Actes ici abrogés, seront maintenus dans leur emploi ; ils seront sujets au renvoi et auront les mêmes pouvoirs et devoirs que s'ils étaient nommés en conformité du présent.

(3) Tout médecin accrédité en conséquence des Actes ici abrogés, sera considéré comme ayant été nommé en conformité du présent.

(4) Tous les certificats médicaux délivrés conformément aux

Actes ici abrogés, auront leur effet comme certificats d'aptitude aux emplois désignés dans le présent, et tous les registres tenus en conséquence des Actes ici abrogés seront, jusqu'à ce qu'il en soit décidé autrement par un Secrétaire d'État, considérés comme registres requis par le présent.

(5) Toute décision prise par un Secrétaire d'État en conformité d'un Acte ici abrogé pour la délivrance d'une permission quelconque aux manufactures ou ateliers, peut, si le Secrétaire d'État en juge ainsi, continuer à avoir force pendant une période n'excédant pas trois mois à partir de la mise à exécution du présent.

(6) Le degré d'instruction fixé par le département d'éducation en conformité de tout Acte ici abrogé, sera considéré comme ayant été fixé conformément au présent.

39 et 40 Vict. c. 7.

37 et 38 Vict. c. 44.

(7) Un enfant exempté par la section 8 de l'Acte de 1876 sur l'éducation élémentaire, des prescriptions de la section 12 de l'Acte de 1874 sur les manufactures par la raison qu'il a atteint l'âge de onze ans avant le 1er janvier 1877, sera, quand il atteindra l'âge de treize ans, considéré comme adulte selon l'esprit du présent Acte.

(8) Cette abrogation ne concerne pas :

(*a*) Toute chose dûment faite ou soufferte selon l'un des Actes ici abrogés;

(*b*) Toute obligation ou responsabilité encourue d'après l'un des Actes ici abrogés;

(*c*) Toute amende ou punition encourue au sujet d'une contravention à l'un des Actes ici abrogés;

(*d*) Toute procédure légale concernant de telles obligations, responsabilités, amendes ou punitions, et une telle procédure légale sera poursuivie comme si le présent Acte n'était pas sorti.

ANNEXES.

PREMIÈRE SÉRIE.

Dispositions spéciales a l'Hygiène.

Section 38.

Manufactures et ateliers dans lesquels l'Emploi des adultes et des enfants est restreint.

1. Dans la partie d'une manufacture ou d'un atelier, dans lequel on s'occupe :

Restriction au sujet de l'emploi des adultes et des enfants.

De l'étamage des miroirs par le mercure;

De la fabrication de la céruse;

on ne pourra employer ni adulte ni enfant.

2. Dans la partie d'une manufacture où il est procédé à la fusion ou à la recuisson du verre, l'enfant et la jeune fille ne peuvent être employés.

Restriction au sujet de l'emploi des enfants dans les verreries.

3. Une jeune fille au-dessous de l'âge de seize ans ne peut être employée dans une manufacture ou un atelier dans laquelle ou lequel il est procédé à :

Restriction au sujet de l'emploi des filles au-dessous de 16 ans dans certains cas.

(*a*) La fabrication des briques ou tuiles autres que pour l'ornementation;

(*b*) A la préparation et le raffinement du sel.

4. Un enfant ne pourra être employé dans la partie d'une manufacture ou d'un atelier, dans laquelle il est procédé :

Restriction au sujet de l'emploi des enfants.

(*a*) A l'aiguisage et au polissage à sec des métaux ;

(*b*) Au trempage des allumettes chimiques.

5. Un enfant au-dessous de l'âge de onze ans ne pourra être employé dans n'importe quels travaux de polissage des métaux autres que le polissage à sec et dans la dépilation de la futaine.

Restriction au sujet de l'emploi de l'enfant au-dessous de l'âge de 11 ans dans le polissage à sec, etc.

SECONDE ANNEXE.

Restrictions spéciales.

Lieux interdits pour les Repas.

L'interdiction à l'enfant, l'adulte et la femme de prendre leurs repas ou de rester durant les heures des repas dans certaines parties des manufactures ou ateliers s'applique aux parties suivantes :

Restriction au sujet des parties des manufactures ou ateliers dans lesquelles les enfants, adultes et femmes ne doivent pas prendre leurs repas.

(1) Dans le cas des verreries, à tout lieu dans lequel la matière est mélangée ;
(2) Dans les fabriques de verre de cristal, à tout lieu dans lequel le cristal est taillé, coupé ou poli ;
(3) A toutes les parties où l'on fabrique les allumettes chimiques sauf dans le découpage du bois ;
(4) Dans les poteries, à tous les locaux servant aux plongeurs, sécheurs ou à l'écurage de la porcelaine de Chine.

TROISIÈME ANNEXE.

Exceptions spéciales.

PREMIÈRE PARTIE.

Période d'Emploi.

Emploi des enfants adultes et femmes entre 8 heures du matin et 8 heures du soir dans certaines industries.

L'exception relative à l'emploi des enfants, adultes et femmes entre 8 heures du matin et 8 heures du soir, et le samedi entre 7 ou 8 heures du matin et 3 ou 4 heures de l'après-midi, s'applique aux manufactures, ateliers et dépendances, dans lesquels il est procédé aux travaux suivants :

(*a*) Impression lithographique ;
(*b*) Teinture en rouge de Turquie ;
(*c*) Fabrication d'articles d'habillement ;
(*d*) Fabrication de tentures pour ameublement ;
(*e*) Fabrication de fleurs artificielles ;
(*f*) Fabrication de bonbons et de cadeaux de Noël ;
(*g*) Fabrication de billets de la Saint-Valentin ;
(*h*) Fabrication de coffrets de fantaisie ;
(*i*) Fabrication d'enveloppes ;
(*k*) Fabrication d'almanachs ;
(*l*) Fabrication de cartes à jouer ;
(*m*) Réglure à la machine ;
(*n*) Fabrication du biscuit ;
(*o*) Coupage du bois à brûler ;
(*p*) Teinture de détail ;
(*q*) Fabrication d'eaux gazeuses ;
(*r*) Reliure de livres ;
(*s*) Impression typographique.
(*t*) L'exception s'applique aussi aux endroits de la ma-

nufacture ou de l'atelier qui servent seulement de magasins et où les employés travaillent seulement à nettoyer, envelopper et empaqueter les marchandises.

DEUXIÈME PARTIE. *Section 52.*

Heures des Repas.

Les cas auxquels les prescriptions du présent Acte relatives aux heures accordées pour les repas simultanés ne sont pas applicables, sont : *Cas dans lesquels les prescriptions concernant les heures des repas ne sont pas applicables.*

(1) Quand les enfants, adultes et femmes sont employés dans les manufactures suivantes :

Hauts-fourneaux;
Usines de fer ou forges;
Papeteries;
Verreries;
Imprimeries typographiques.

(2) Quand les mineurs mâles sont employés dans les travaux d'impression sur étoffes, de blanchiment et de teinture en plein air.

Les cas auxquels les prescriptions du présent Acte relatives à l'emploi ou au séjour dans l'atelier des enfants, adultes et femmes pendant les heures accordées pour les repas ne sont pas applicables, sont :

(1) Lorsque les enfants, adultes et femmes sont employés dans les manufactures suivantes :

Usines de fer ;
Papeteries ;
Verreries (sauf les exceptions prévues par le présent Acte);
Imprimeries typographiques.

(2) Quand un adulte du sexe masculin est employé dans les travaux d'impression sur étoffes, de blanchiment ou de teinture en plein air, de telle sorte que lesdites prescriptions ne l'empêchent pas de travailler ou de rester au lieu de travail pendant les heures des repas accordées aux autres enfants, adultes et femmes, et que ces prescriptions n'empêchent pas non plus ces derniers de travailler ou de rester au lieu de travail pendant les heures de repas accordées à l'adulte du sexe masculin lui-même.

Section 53.

TROISIÈME PARTIE.

Travail supplémentaire.

Manufactures et ateliers dans lesquels les adultes et les femmes peuvent être autorisés à travailler 14 heures par jour sous certaines réserves.

L'exception relative à l'emploi des adultes et femmes pendant quarante-huit jours dans une période de douze mois commençant à six, sept ou huit heures du matin, et finissant à huit, neuf ou dix heures du soir, s'applique à chacune des manufactures, ateliers et leurs dépendances qui suivent :

(1) Quand la matière qui sert à la fabrication est sujette à être détériorée par un temps défavorable, savoir :

(*a*) Le teillage à la mécanique du lin;
(*b*) Manufactures ou ateliers dans lesquels on fabrique les briques ou les tuiles n'étant pas des tuiles d'ornementation;
(*c*) Corderies en plein air;
(*d*) La partie des ateliers de blanchiment et de teinture, dans lesquels on blanchit et on teint en rouge de Turquie en plein air;
(*e*) Manufacture, atelier ou dépendance dans lesquels on fabrique de la colle.

(2) Quand la presse du travail survient à certaines saisons de l'année, savoir :

(*f*) Dans les travaux d'impression typographique;
(*g*) La reliure;
(*h*) Les travaux d'impression lithographique;
(*i*) La réglure à la machine;
(*k*) Le découpage du bois à brûler;
(*l*) La fabrication de bonbons et cadeaux de Noël;
(*m*) La fabrication d'almanachs;
(*n*) La fabrication de billets de la Saint-Valentin.
(*o*) La fabrication des enveloppes;
(*p*) Les fabriques d'eaux gazeuses;
(*q*) Les fabriques de cartes à jouer.

(3) Quand la fabrication est sujette à une presse subite ou à des commandes pouvant être provoquées par des événements imprévus, par exemple dans :

(*r*) La fabrication d'articles pour vêtements;
(*s*) La confection de tenture d'ameublement;
(*t*) La fabrication de fleurs artificielles;
(*u*) La fabrication de boîtes de fantaisie;

(*v*) La fabrication de biscuits ;
(*w*) Les teintureries de détail ;
(*x*) Une partie de manufacture ou d'atelier usitée uniquement comme magasin, où l'on ne fabrique rien et où les employés sont occupés seulement au polissage, nettoyage, paquetage et emballage des marchandises.

Il est entendu que ladite exception ne s'applique pas :
(*a*) Quand les personnes employées dans la maison, c'est-à-dire dans la demeure privée qui est assimilée malgré son caractère privé, à une manufacture à cause de la nature du travail, sont membres de la famille habitant ladite maison, pourvu que ni la vapeur ni l'eau n'y soient usitées comme force mécanique ;
(*b*) Quand l'atelier est dirigé d'après le système du non-emploi des enfants ou des mineurs.

QUATRIÈME PARTIE.

Section 54.

Demi-heure additionnelle.

Manufactures dans lesquelles les enfants, adultes et femmes peuvent être employés une demi-heure de plus.

L'exception relative à l'emploi des enfants, adultes et femmes, pendant une demi-heure supplémentaire (trente minutes) quand le produit fabriqué est dans un état incomplet, s'applique aux manufactures suivantes :
(*a*) Fabriques de teinture et de blanchiment ;
(*b*) Fabriques d'impression sur étoffes ;
(*c*) Forges dans lesquelles les adultes du sexe masculin ne sont pas employés durant une partie de la nuit ;
(*d*) Fonderies dans lesquelles les adultes du sexe masculin ne sont pas employés pendant une partie de la nuit ;
(*e*) Papeteries dans lesquelles les adultes du sexe masculin ne sont pas employés pendant une partie de la nuit.

CINQUIÈME PARTIE.

Section 56.

Heures supplémentaires pour les articles sujets à détérioration.

Manufactures et ateliers dans

L'exception relative à l'emploi des femmes pendant quatre-vingt-seize jours dans une période de douze mois, durant laquelle *lesquels les femmes peuvent être employées 14 heures par jour.*

la journée commencera à six ou à sept heures du matin et finit à huit ou à neuf heures du soir, s'applique aux manufactures et ateliers ou dépendances dans lesquels le travail concerne :

Les confitures de fruits ;

Les conserves de poisson ou le poisson salé ou fumé ;

Le lait concentré.

Section 58.

SIXIÈME PARTIE.

Travail de nuit.

Manufactures dans lesquelles les adultes du sexe masculin peuvent être employés la nuit.

L'exception relative à l'emploi des adultes du sexe masculin durant la nuit s'applique aux manufactures suivantes :

(*a*) Hauts-fourneaux ;

(*b*) Forges ;

(*c*) Ateliers d'impression typographique ;

(*d*) Papeteries.

Section 48.

SEPTIÈME PARTIE.

Emploi alternatif.

Emploi continu des enfants, adultes et femmes pendant cinq heures dans certaines manufactures textiles durant la saison d'hiver.

L'exception relative à l'emploi continu durant la saison d'hiver, dans certaines manufactures textiles, des enfants, adultes et femmes sans un intervalle d'au moins une demi-heure pour le repas, pendant la même période que dans une manufacture non textile, s'applique aux manufactures textiles qui fabriquent seulement :

Les tissus élastiques ;

Le ruban ;

Les garnitures.

QUATRIÈME ANNEXE.

Liste de Manufactures et Ateliers.

Sections 93, 96.

PREMIÈRE PARTIE.

Manufactures non textiles.

Ateliers d'impression sur étoffes.

(1) « Ateliers d'impression sur étoffes » signifie tout lieu dans lequel les personnes employées impriment des figures, des modèles, ou dessins sur fil de coton, toile, laine, ou de soie, ou sur étoffes tissées ou feutrées, n'étant pas du papier.

Ateliers de blanchiment et de teinture.

(2) « Ateliers de blanchiment et de teinture » signifie tout lieu dans lequel on procède au blanchiment, à la teinture, au calandrage, au pliage, au paquetage de fil ou d'étoffes quelconques, ou à l'arrangement ou à l'apprê-

tage de la dentelle, ou à des travaux d'un caractère analogue, ou à d'autres travaux accessoires relatifs au même métier.

(3) « Poteries » signifie tout lieu dans lequel des employés à gages travaillent à la fabrication, achèvent ou aident à achever les objets de poterie de toute espèce, excepté les briques et tuiles ne devant pas servir à l'ornementation. *Poteries.*

(4) « Fabriques d'allumettes chimiques » signifie tout lieu dans lequel des personnes travaillent à gages à la confection des allumettes chimiques, ou au mélange et à la préparation des produits chimiques nécessaires aux allumettes, ou à tout produit s'y rattachant, sauf le découpage du bois. *Fabriques d'allumettes chimiques.*

(5) « Fabriques de capsules » signifie tout lieu dans lequel des employés travaillent à gages à la fabrication des capsules, ou au mélange et à la préparation des produits chimiques nécessaires aux capsules ou à tout produit qui s'y rattache. *Fabriques de capsules.*

(6) « Fabriques de cartouches » signifie tout lieu dans lequel des employés travaillent à gages à la fabrication des cartouches, ou à tout produit servant incidemment aux cartouches, sauf la fabrication du papier et autre matière servant à faire les étuis. *Fabriques de cartouches.*

(7) « Fabriques de papier peint » signifie tout lieu dans lequel des employés travaillent à gages dans l'impression des dessins en couleur sur feuilles de papier, soit au moyen de blocs à la main soit au moyen de rouleaux mis en mouvement par l'eau, la vapeur ou autre force mécanique. *Fabriques de papier peint.*

(8) « Ateliers pour la dépilation de la futaine » signifie tout lieu dans lequel des employés travaillent à gages à la dépilation de la futaine. *Dépilation de la futaine.*

(9) « Hauts-fourneaux » signifie un haut-fourneau ou autre fourneau, ou un lieu dans lequel on procède à la fonte ou à toute autre façon d'obtenir du métal au moyen du minerai. *Hauts-fourneaux.*

(10) « Forges de cuivre ». *Forges de cuivre.*

(11) « Forges de fer » signifie toute usine, forge ou autre lieu dans lequel il est procédé à la transformation du fer brut *Forges de fer.*

en fer malléable, acier ou fer-blanc ou à toute manière de fabriquer ou de transformer l'acier.

Fonderies.

(12) « Fonderies » signifie fonderies de fer, de cuivre, de laiton, et autres lieux dans lesquels il est procédé à la fonte ou au moulage du métal, sauf les lieux dans lesquels il n'y a pas plus de cinq personnes employées à la susdite fabrication et, comme auxiliaires, à la réparation ou au finissage d'autres articles.

Ateliers de métal et gomme élastique.

(13) « Ateliers de métal et gomme élastique » signifie tous les lieux dans lesquels l'eau, la vapeur ou autre force mécanique servent à mettre en mouvement les engins employés dans la construction de machines ou dans la fabrication de tous autres articles en métal n'étant pas des machines, ou dans la fabrication de la gomme élastique et de la gutta-percha, ou d'articles entièrement ou partiellement faits de gomme élastique ou de gutta-percha.

Papeteries.

(14) « Papeteries » signifie tout lieu dans lequel on procède à la fabrication du papier.

Verreries.

(15) « Verreries » signifie tout lieu où l'on travaille à la fabrication du verre.

Manufacture de tabacs.

(16) « Manufactures de tabacs » signifie tout lieu dans lequel on travaille à la préparation du tabac.

Ateliers d'impression typographique.

(17) « Ateliers d'impression typographique » signifie tout lieu dans lequel on procède à des travaux d'impression typographique.

Ateliers de reliure.

(18) « Ateliers de reliure » signifie tout lieu où l'on travaille à la reliure de livres.

Teillage à la mécanique du lin.

(19) « Teillage à la mécanique du lin ».

DEUXIÈME PARTIE.

Manufactures non textiles et ateliers.

Chapellerie.

(20) « Ateliers de chapellerie » signifie tout lieu dans lequel il est procédé à la fabrication des chapeaux ou de tout autre article se rattachant incidemment à cette fabrication.

Corderie.

(21) « Corderies » signifie tout local utilisé comme corderie dans lequel il est procédé à la tension, à la torsion ou à tout autre mode de préparation ou d'achèvement du fil, de la ficelle ou de la corde, et dans lequel une machine mue par la vapeur, l'eau ou autre force mé-

canique n'est pas usitée pour le tirage ou le filage des fibres du lin, du chanvre, de la jute ou de la filasse, à condition aussi que ce local n'ait pas d'autre communication intérieure avec des bâtiments servant à une manufacture textile que celle qui est nécessaire pour la transmission de la force.

(22) « Boulangeries » signifie tout lieu dans lequel on procède à la cuisson du pain, du biscuit ou des pâtisseries, dont il est tiré profit par la vente. *Boulangerie.*

(23) « Magasins de dentelle » signifie tout local ou chambre non compris dans les ateliers de teinture et de blanchiment ci-dessus définis, dans lequel des personnes sont employées à une manufacture ou industrie quelconque relative à la dentelle après la fabrication de la dentelle sur des métiers mus par la vapeur, l'eau ou autre force mécanique. *Magasins de dentelle.*

(24) « Chantiers de construction de navires » signifie tous lieux où les navires, bateaux ou vaisseaux employés pour la navigation sont construits, complétés ou réparés. *Chantiers de construction de navires.*

(25) « Carrières » signifie tout lieu autre qu'une mine où des personnes travaillent à l'extraction de l'ardoise, de la pierre, des coprolites ou autres minéraux. *Carrières.*

(26) « Ateliers au bord des mines » signifie tout local situé à la surface du terrain touchant au puits d'extraction d'une mine, dans lequel l'emploi des femmes n'est pas réglé par l'Acte de 1872 sur les mines de houille ou par l'Acte de 1872 sur les mines métallurgiques, que ce local fasse ou ne fasse pas partie de la mine, conformément aux Actes susdits. *Ateliers au bord des mines.*

CINQUIÈME ANNEXE.

Section 97.

Exemptions spéciales.

Fabrication :

De la paille tressée;
De la dentelle au fuseau;
Des gants.

SIXIÈME ANNEXE.

Section 10 .

Actes abrogés :

Session et chapitre	Titre de l'Acte	Étendue de l'abrogation
42 Géo. 3, C. 73. . .	Acte pour la préservation de la santé et des mœurs des apprentis et autres employés dans le coton et autres filatures et dans le coton et autres manufactures.	Tout l'Acte.
3 et 4 Will. 4, C. 103.	Acte pour régler le travail des enfants et des adultes dans les filatures et manufactures du Royaume-Uni.	Tout l'Acte.
7 et 8 Vict. C. 15 . .	Acte amendant les lois relatives au travail dans les manufactures.	Tout l'Acte.
9 et 10 Vict. C. 40. .	Acte déterminant certains travaux de corderie qui ne sont pas compris dans les Actes sur les manufactures.	Tout l'Acte.
13 et 14 Vict. C. 54 .	Acte amendant les Actes relatifs au travail dans les manufactures.	Tout l'Acte.
16 et 17 Vict. C. 104.	Nouvel Acte réglant l'emploi des enfants dans les manufactures.	Tout l'Acte
19 et 20 Vict. C. 38 .	Acte de 1856 sur les manufactures.	Tout l'Acte.
24 et 25 Vict. C. 117.	Acte définissant l'emploi des femmes, adultes, et enfants dans les manufactures de dentelle d'après les Actes sur les manufactures.	Tout l'Acte.
26 et 27 Vict. C. 40 .	Acte de 1863 sur la boulangerie.	Tout l'Acte.
27 et 28 Vict. C. 48 .	Acte de 1864 étendant les Actes sur les manufactures.	Tout l'Acte.
29 et 30 Vict. C. 90 .	Acte sanitaire de	Les mots suivants autant qu'ils sont en vigueur dans la section dix-neuf : « Non déjà sous l'action de tout Acte général quelconque concernant les manufactures ou boulangeries. »

Session et chapitre	Titre de l'Acte	Étendue de l'abrogation
30 et 31 Vict. C. 103.	Acte de 1867 étendant les Actes relatifs aux manufactures.	Tout l'Acte.
30 et 31 Vict. C. 146.	Acte de 1867 concernant les ateliers.	Tout l'Acte.
33 et 34 Vict. C. 62 .	Acte de 1870 sur les manufactures et ateliers.	Tout l'Acte.
34 et 35 Vict. C. 19 .	Acte exemptant les personnes professant la religion juive des pénalités relatives aux adultes et femmes professant ladite religion et travaillant le dimanche.	Tout l'Acte.
34 et 35 Vict. C. 104.	Acte de 1871 sur les ateliers et manufactures.	Tout l'Acte.
37 et 38 Vict. C. 44 .	Acte de 1874 sur les manufactures.	Tout l'Acte.
38 et 39 Vict. C. 55 .	Acte de 1875 sur la santé publique.	Les mots suivants dans la section quatre : « plus que vingt », les mots « en une fois » et dans la section 91, les mots suivants : « non déjà sous l'action de tout Acte général concernant les manufactures et boulangeries. »
9 et 40 Vict. C. 79 .	Acte de 1876 sur l'éducation élémentaire.	Section huit et les mots suivants dans la section 48 : « Les Actes de 1833 à 1874 sur les manufactures comme étant amendés par le présent, y compris les Actes de 1867 à 1871 sur les ateliers comme étant amendés aussi par le présent. »

IMPRIMERIE CENTRALE DES CHEMINS DE FER. — A. CHAIX ET Cie
RUE BERGÈRE, 20, A PARIS. — 13054-9.

www.ingramcontent.com/pod-product-compliance
Ingram Content Group UK Ltd.
Pitfield, Milton Keynes, MK11 3LW, UK
UKHW021116260726
13994UKWH00002B/910

9 782329 102184